JOSEPH DE MAISTRE

Contre Rousseau

(De l'état de nature)

Notes et postface par

Yannis Constantinidès

Couverture de

Olivier Fontvieille

ÉDITIONS MILLE ET UNE NUITS

JOSEPH DE MAISTRE
n° 537

La présente édition a été établie d'après le texte inachevé de Joseph de Maistre, publié sous le titre d'« Examen d'un écrit de J.-J. Rousseau sur l'inégalité des conditions » par Charles de Maistre *in Œuvres complètes*, Lyon, éditions Vitte et Perrussel, tome VII, 1884, pp. 509-566.
L'ouvrage avait d'abord paru, à titre posthume, dans les *Œuvres inédites du comte Joseph de Maistre*, Vaton, 1870, section IV, pp. 443-505.
Le sous-titre « De l'état de nature » que nous avons choisi figurait comme titre sur le manuscrit original de Joseph de Maistre.
Le titre *Contre Rousseau* est de l'éditeur.

Sauf mention contraire, toutes les notes sont de Yannis Constantinidès.

Notre adresse Internet : www.1001nuits.com

ISBN : 978-2-75550-052-3

Sommaire

Joseph de Maistre
Contre Rousseau
page 5

Notes
page 65

Yannis Constantinidès
Le mauvais sauvage
page 81

Vie de Joseph de Maistre
page 90

Repères bibliographiques
page 94

JOSEPH DE MAISTRE

Contre Rousseau

(De l'état de nature)

CHAPITRE PREMIER

L'homme est sociable par son essence[1]

L'Académie de Dijon, en 1755[2], mit au concours l'examen de la question suivante :

« Quelle est l'origine de l'inégalité parmi les hommes et si elle est autorisée par la loi naturelle ? »

Il est bien évident que cette question était mal posée : car tous les enfants savent que c'est la société qui a produit l'inégalité des conditions. D'ailleurs, « Qu'est-ce que la *loi naturelle* ? », c'était le sujet d'une question à part.

Il fallait donc demander : *Quelle est l'origine de la société ? et l'homme est-il social de sa nature ?*

Mais cette question ressemblait à tant d'autres que les Académies proposaient pour la forme, qu'elles ne se rappelaient pas le lendemain, et que peut-être même le secrétaire ne leur lisait pas !

Quoi qu'il en soit, Rousseau s'empara de ce sujet fait exprès pour lui. Tout ce qui était obscur, tout ce qui ne présentait aucun sens déterminé, tout ce qui prêtait aux divagations et aux équivoques était particulièrement de son domaine.

Il enfanta donc le discours *sur l'inégalité des conditions parmi les hommes*[3] qui fit beaucoup de bruit dans le temps, comme tout paradoxe soutenu par un homme éloquent, surtout s'il vit en France et s'il a de la vogue.

Mais lorsqu'on examine l'ouvrage de sang-froid, on n'est étonné que d'une chose : c'est de voir comment il a été possible de bâtir un volume sur une base aussi mince. Le fond de la question n'y est pas seulement effleuré. Il n'y a pas une idée, appartenant réellement au sujet, qui ne soit un lieu commun ; enfin c'est une réponse faite dans le délire à une question faite dans le sommeil.

Après l'épître dédicatoire d'une longueur éternelle[4] et d'un comique précieux, Rousseau entre en matière.

L'Académie avait demandé : 1° *Quelle est l'origine de l'inégalité ?* 2° *Est-elle conforme à la loi naturelle ?* Rousseau renverse cet ordre, mais il se garde bien de répondre directement : il aurait manqué à son génie s'il avait traité la question. Il pose la négative en fait ; c'est sa manière. En sorte que la première partie de son ouvrage, au lieu d'être dogmatique, est purement historique. Il suppose que la *nature* (c'est sa grande machine) créa l'homme dans un état d'*animalité* ; et, au lieu de le prouver, il s'amuse à décrire cet état qui est pour lui l'état primitif ou *l'état de nature.* Pour une telle description, il ne faut guère que de la poésie. Il se donne carrière sur ce point, et il atteint la page 94[5] avant d'avoir seulement songé à prouver ce qu'il avance.

La page 95 commence la seconde partie qui n'en a que 90. Rousseau débute par cette phrase célèbre : « Le premier qui, ayant enclos un terrain, s'avisa de dire : *Ceci est à moi,* et trouva des gens assez simples pour le croire, fut le vrai fondateur de la société civile. »

Cette phrase n'est cependant qu'une phrase, car l'idée générale de propriété est bien antérieure à celle de la propriété territoriale, et la société est bien antérieure à l'agriculture. Le sauvage possède sa hutte, son lit, ses chiens, ses instruments de chasse et de pêche, comme nous possédons des terres et des châteaux. Le Tartare Kalmouk, l'Arabe du désert, a des idées de la propriété aussi nettes que l'Européen : il a ses souverains, ses magistrats, ses lois, son culte, et cependant il ne juge point à propos d'*enclore un terrain et de dire : Ceci est à moi,* parce qu'il lui plaît de changer continuellement de place, et que l'idée d'un peuple nomade exclut celle de l'agriculture.

On pourrait croire que l'auteur distingue ici la *civilisation* de l'établissement de la société, et qu'il n'entend parler que de la première dans le passage cité.

Il est vrai que Rousseau, qui ne s'exprime clairement sur rien, peut faire naître ce doute en employant le terme équivoque de *société civile* ; mais cette expression est suffisamment expliquée par ce qui suit.

« Il y a grande apparence », dit-il, « qu'alors » – lorsqu'on s'avisa d'enclore un terrain – « les choses en étaient déjà venues au point de ne pouvoir plus durer comme elles étaient : car cette idée de propriété, dépendant de beaucoup d'idées antérieures qui n'ont pu naître que successivement, ne se forma pas tout d'un coup dans l'esprit humain : il fallut bien des progrès, bien de l'industrie et des lumières, les transmettre et les augmenter d'âge en âge, avant que d'arriver à ce DERNIER TERME DE L'ÉTAT DE NATURE[6] ».

L'idée générale de propriété, quoiqu'il ait fallu des siècles et des siècles pour la faire naître, fut donc le *dernier terme de l'état de nature.* Par conséquent il ne s'agit, dans le passage cité, que de l'établissement de la société puisqu'il s'agit de l'état qui suivit immédiatement le dernier instant de *l'état de nature.* Il ne fallait donc pas dire que la société fut produite par le premier homme qui s'avisa d'enclore un champ, puisqu'elle est visiblement antérieure à cet acte.

Non seulement donc Rousseau établit un synchronisme entre la clôture du premier champ et l'établissement de la société, mais il en suppose un entre cet établissement et l'idée de la propriété en général. À la vérité, je crois qu'il ne s'en est pas aperçu : il avait assez peu médité son sujet, pour que cette supposition n'ait rien d'improbable.

Après cette assertion générale, donnée comme un axiome, Rousseau entre dans les détails pour montrer par quelles gradations insensibles l'inégalité des conditions s'établit parmi les hommes ; et voici les vérités qu'il révèle au monde[7] :

Quoique l'homme, dans l'état de nature, n'eût guère plus de commerce avec ses semblables qu'avec les *autres* animaux, cependant, à force de se comparer avec ces bipèdes et surtout avec sa *femelle*, il fit L'IMPORTANTE DÉCOUVERTE « que leur manière de penser et de sentir était entièrement conforme à la sienne[8] ». On s'assembla en *troupeau*[9] pour prendre un cerf, par exemple, ou pour des raisons semblables[10] ; bientôt on trouva des pierres dures et tranchantes pour couper du bois et creuser la terre. Las de l'abri que fournissait un arbre ou une caverne, on fit des huttes de branchages, qu'on s'avisa ensuite d'enduire d'argile et de boue : « première révolution qui forma l'établissement et la distinction des familles et qui introduisit une sorte de propriété[11] ». Les hommes dans cet état, jouissant d'un fort grand loisir, l'employèrent à se procurer plusieurs sortes de commodités inconnues à leurs pères. « Ce fut là le premier joug et la première source de maux[12]. » On commença à se rapprocher.

L'homme, qui s'accouplait tout simplement depuis des siècles, et s'en trouvait fort bien, s'avisa d'aimer : il fut puni de cette corruption par la jalousie, et le sang coula[13].

Heureusement on se mit à chanter et à danser devant les cabanes et autour des arbres ; mais voici un autre malheur : « Le plus beau, le plus fort, le plus adroit, le plus éloquent, devint le plus considéré, et ce fut là le premier pas vers l'inégalité et en même temps vers le vice[14] ».

Dans cet état cependant, les hommes vivaient « libres, bons, sains et heureux autant qu'ils pouvaient l'être par leur nature ; mais dès l'instant qu'un homme eut besoin d'un autre, dès qu'on s'aperçut qu'il était utile à un seul homme d'avoir des provisions pour deux, l'égalité », déjà attaquée par l'aristocratie des chanteurs, des danseurs et des beaux hommes, « disparut enfin, et la propriété s'introduisit[15] ».

Cette grande révolution fut produite par la métallurgie et l'agriculture… « qui ont perdu le genre humain[16] ».

« Les choses étant parvenues à ce point, il est facile d'imaginer le reste[17] », et l'histoire est finie (page 126). Total : 30 pages pour répondre à la première question dont il a fait la deuxième.

Ce qui suit est un autre ouvrage où il traite de l'origine du gouvernement et du pacte social.

Il se récapitule cependant, et il assigne trois époques distinctives des progrès de l'inégalité. *Le premier terme,* dit-il, *fut l'établissement de la loi et de la propriété* (page 165[18]). Cependant l'aristocratie de la beauté, de l'adresse, etc., *fut le premier pas vers l'inégalité et vers le vice* (page 112[19]), et les pierres tranchantes, les huttes de branchages, etc., opérèrent aussi la *première révolution,* produisirent le *premier joug* et furent la *source des maux* qui accablèrent, depuis, le genre humain (pages 105 et 108[20]).

D'où il suit que l'inégalité eut trois premiers termes, ce qui est très curieux.

Le second fut l'établissement de la magistrature (page 165) ou, si l'on aime mieux, la métallurgie et l'agriculture[21] (page 118) : on peut choisir.

Ainsi l'inégalité eut trois premières époques et deux secondes.

Quelle analyse ! quelle profondeur ! quelle clarté !

Ce que Rousseau aurait dû nous apprendre, au moins par approximation, c'est la durée de la première époque, où les hommes avaient des lois, mais point de magistrature[22], laquelle ne parut qu'à la seconde époque.

La troisième époque est unique, mais bien remarquable. *Ce fut le changement du pouvoir légitime en pouvoir arbitraire* (page 165).

Ici Rousseau pousse la distraction au point de confondre le progrès du genre humain en général avec le progrès des nations particulières. Il considère le genre humain entier comme une seule nation, et il le montre s'élevant successivement de l'*animalité* à la cabane, de la cabane aux lois et à la propriété, des lois à la métallurgie ou à la magistrature, et du gouvernement légitime au despotisme.

D'où il suit incontestablement que les sujets des souverains antiques de l'Asie, de ces monarques-dieux dont les volontés étaient des oracles, furent bien mieux gouvernés que les Spartiates[23] ou les Romains du temps de Cincinnatus[24], puisqu'ils furent plus près de l'origine des choses, ou que ces mêmes Spartiates et autres républicains des siècles postérieurs n'eurent point un gouvernement légitime parce qu'ils arrivèrent après la troisième époque.

Lorsqu'on réfute Rousseau, il s'agit moins de prouver qu'il a tort que de prouver qu'il ne sait pas ce qu'il veut prouver, et c'est ce qui lui arrive surtout dans son discours sur l'inégalité des conditions.

En gros, il soutient que la société est mauvaise et que l'homme n'est pas fait pour cet état. Mais si on lui demande pour quel état il était donc fait, il ne sait que répondre, ou il répond sans se comprendre.

Tout bien examiné, il se détermine pour l'*état de société commencée.* Alors, dit-il, « les relations déjà établies entre les hommes exigeaient en eux des qualités différentes de celles qu'ils tenaient de leur constitution primitive ; la moralité commençait à s'introduire dans les actions humaines ; et chacun, avant les lois, étant seul juge et vengeur des offenses qu'il avait reçues, la bonté convenable au pur état de nature n'était plus celle qui convenait à la société naissante [...] lorsque la terreur des vengeances tenait lieu du frein des lois[25] ».

Cet état où les hommes vivaient réunis, mais sans lois[26], *et où la terreur des vengeances tenait lieu du frein des lois,* est, selon Rousseau, le meilleur état possible.

« Plus on y réfléchit », dit-il, « plus on trouve que cet état était le moins sujet aux révolutions, le meilleur à l'homme, et qu'il n'en a dû sortir que par quelque funeste hasard[27], qui, pour l'utilité commune, EÛT DÛ[28] ne jamais arriver. L'exemple des sauvages, qu'on a presque tous trouvés à ce point, semble confirmer que le genre humain était fait[29] pour y rester toujours ; que cet état est la véritable jeunesse du monde[30], et que tous les progrès ultérieurs ont été en apparence autant de pas vers la perfection de l'individu, et en effet vers la décrépitude de l'espèce[31] ».

Il n'y a certainement point de raison dans ce morceau ; mais au moins il semble que les idées sont claires, et que Rousseau y montre un système fixe. Partout il parle avec éloge des sauvages : à son avis, *ils sont très bien gouvernés*[32] ; c'est parmi eux qu'il choisit tous ses exemples ; il insiste en plus d'un endroit sur ce grand argument, qu'on a vu des Européens embrasser la vie des sauvages, tandis qu'on n'a jamais vu un sauvage embrasser la nôtre : ce qui prouve tout au plus qu'il est plus aisé de trouver une brute parmi des hommes, qu'un homme parmi des brutes ; il raconte l'histoire vraie ou fausse d'un Hottentot élevé dans notre religion et dans nos usages, et qui, las de tous ces abus, *retourne chez ses égaux :* il grave cette histoire au frontispice de cet ouvrage, et dans une note à laquelle *il n'y a pas un mot à répliquer,* il nous dit : *Voyez le frontispice*[33].

On croirait donc Rousseau bien décidé pour l'état des sauvages, et cependant on se tromperait : deux pages plus haut, il s'est réfuté lui-même[34].

Tout homme moral et sensible est révolté par l'abrutissement et par la cruauté de ces sauvages d'Amérique dont Rousseau ose nous vanter l'existence heureuse ; des hordes d'hommes abrutis errant dans les déserts, presque sans idées morales et sans connaissance de la divinité ; ayant tous les vices, excepté ceux dont les matériaux leur manquent, des guerres interminables et cruelles, le tomawack[35], les chevelures sanglantes, la chanson de mort, la chair humaine servie à d'effroyables repas, les prisonniers de guerre rôtis, déchiquetés, tourmentés de la manière la plus horrible ! Quels tableaux effroyables ! Rousseau l'a senti, et voici comment il prévient l'objection : « C'est faute », dit-il, « d'avoir suffisamment distingué les idées, et remarqué combien ces peuples (sauvages) étaient déjà loin du premier état de nature, que plusieurs se sont hâtés de conclure que l'homme est naturellement cruel, et qu'il a besoin de police pour l'adoucir[36] ».

Le sauvage est donc *très loin du premier état de nature.* Il y a donc plusieurs états de nature, ce qui doit paraître assez singulier ; mais enfin, quel est le bon ? car il faut se décider. Rousseau répond : « *C'est l'état primitif,* et rien n'est plus doux que l'homme dans cet état, lorsqu'il est placé par la nature à des distances égales de la stupidité des brutes et des lumières funestes de l'homme civil[37] ».

L'homme sauvage n'est donc plus une moyenne proportionnelle entre *l'animalité* et la civilisation, et il faut chercher cette moyenne proportionnelle entre l'état d'animalité et celui de sauvage. Mais comment un homme *beaucoup* moins civilisé qu'un sauvage est-il cependant placé à *des distances égales de la stupidité d'une brute et des lumières funestes de Newton,* par exemple, ou de tout autre être dégradé ? Comment un état quelconque peut-il être tout à la fois intermédiaire et *primitif,* ou, en d'autres termes, comment le *premier état de nature* n'est-il que le second ? Si la vie sauvage est la *jeunesse du monde,* et si le *genre humain était fait pour y rester toujours,* comment la nature avait-elle fait l'homme pour un état où *les vengeances sont terribles et les hommes sanguinaires et cruels*[38], au lieu de le destiner à cet état primitif (qui est le second), *où rien n'était plus doux que l'homme*[39] ?

Mais ce n'est pas tout. Rapprochons encore les deux passages suivants. Rien n'est plus piquant.

« Les peuples sauvages », dit-il, « étaient déjà loin du premier état de nature […] où l'homme est placé par la nature à des distances égales de la stupidité des brutes et des lumières funestes de l'homme civil » (page 114).

« Dans l'état de société commencée […] lorsque la terreur des vengeances tenait lieu du frein des lois […] état où l'on a trouvé presque tous les sauvages […] le développement des facultés humaines tient un juste milieu entre l'indolence de l'état primitif et la pétulante activité de notre amour-propre » (pages 115 et 116).

Ainsi ce bienheureux état intermédiaire existe et n'existe pas chez le sauvage. Presque tous les peuples sauvages ont été trouvés à ce point ; mais c'est faute d'attention que « plusieurs » n'ont pas vu « combien les sauvages en étaient loin ».

Encore une fois, il ne s'agit pas de prouver que Rousseau a tort (car pour avoir tort il faut affirmer quelque chose), mais de prouver qu'il ne sait pas ce qu'il veut prouver ; qu'il n'a ni plan ni système, qu'il « travaille à bâtons rompus », comme il le dit lui-même, peut-être sans le croire[40], et que toutes ses compositions philosophiques ne sont que des lambeaux cousus et discordants, souvent précieux pris à part, mais toujours méprisables par l'ensemble.

Infelix operis summa quia ponere totum nescit[41].

....
....
....[42]

S'il est un mot dont on ait abusé, c'est celui de nature. On a dit souvent qu'un bon dictionnaire éviterait de grandes querelles : voyons donc quels sens on peut donner à ce mot de *nature.*

1° L'idée d'un être suprême étant si naturelle à l'homme, si enracinée dans son esprit, si présente dans tous ses discours, il est tout simple de ne voir, dans toutes les forces mouvantes de l'univers, que la volonté du grand Être ; et toutes ces forces, qui ne sont elles-mêmes que des effets d'une force supérieure et d'une cause primitive, rien n'empêche qu'on ne les appelle du nom général de *nature.* C'est dans ce sens qu'un Père grec a dit que *la nature n'est que l'action divine manifestée dans l'univers*[43].

2° Tous les philosophes théistes, surtout les anciens, n'ont pas cru que les phénomènes visibles ou invisibles de l'univers fussent l'effet immédiat de la volonté divine. Tout le monde ne se rend pas compte exactement de ses opinions sur ce sujet ; mais si l'on s'examine bien, on trouvera qu'on est porté assez généralement à supposer l'existence d'une force quelconque qui agit en second dans l'univers.

Cudworth[44] croyait que c'était une idée indigne de la majesté divine de la faire intervenir immédiatement à la génération d'une mouche[45], et c'est ce qui lui fit imaginer sa *force plastique*[46]. Il ne s'agit point ici d'examiner la valeur de ce système ; mais l'on peut dire qu'il est presque général sans qu'on le sache, et que ce savant anglais n'a fait que circonscrire et environner d'arguments une idée qui repose, sous différentes modifications, dans toutes les têtes. Nous sommes presque invinciblement portés à croire l'existence d'une force secondaire qui opère visiblement et que nous nommons *nature.* De là ces expressions si communes dans toutes les langues : *la nature veut, ne veut pas, défend, aime, hait, guérit,* etc. En un mot, cette expression est si nécessaire qu'il n'est pas possible de s'en passer, et qu'à tout instant nous supposons tacitement l'existence de cette force.

Lorsque nous disons que *la nature seule a fermé une plaie sans le secours de la chirurgie,* si l'on nous demande ce que nous entendons par cette expression, qu'avons-nous à répondre ? Ou nous parlons sans nous comprendre, ou nous avons l'idée d'une force, d'une *puissance,* d'un *principe,* et, pour parler clair, d'un *être* qui travaille à la conservation de notre corps et dont l'action a suffi, sans le secours de l'art, pour fermer la plaie[47].

Mais cette force, qui opère dans nous, agit de même dans tous les animaux depuis l'éléphant jusqu'au ciron[48], et dans toutes les plantes depuis le cèdre jusqu'à la mousse. Or, comme il n'y a rien d'isolé dans le monde et qu'il ne peut exister une force indépendante, il faut que tous ces principes individuels soient en relation avec une cause générale, qui les embrasse tous, et qui s'en serve comme de purs instruments ; ou bien il faut que cette grande cause, cette nature plastique agisse elle-même dans tous les individus de manière que ce que nous regardons comme des forces particulières ne soit que l'action particularisée d'un principe général.

Il n'y a pas d'autre supposition à faire.

Ainsi donc, ou Dieu agit immédiatement dans l'univers, ou il agit par l'entremise d'une puissance immatérielle et unique, qui agit à son tour immédiatement, ou par l'intermède de certains principes qui existent hors d'elle.

Mais de quelque nature que soient ces principes, il est certain qu'ils exécutent, médiatement ou immédiatement, la volonté de l'intelligence infinie : ainsi en les nommant on la nomme.

3° L'ensemble des pièces qui composent le tout doit avoir un nom, et nous lui donnons assez communément celui de *nature,* en parlant surtout de l'univers que nous habitons. C'est dans ce sens que nous disons qu'*il n'y a pas dans la nature deux êtres qui se ressemblent parfaitement.*

Et, par une analogie toute naturelle, nous donnons encore le nom de *nature* à l'assemblage des parties ou des qualités qui composent un tout quelconque, bien que ce *tout* ne soit lui-même qu'une partie d'un plus grand ensemble.

Ainsi nous disons : *la nature de l'homme, du cheval, de l'éléphant, de l'or, de l'argent, du tilleul, de la rose, de la montre, de la pompe à feu.*

4° Enfin, l'homme étant un agent dont l'action s'étend sur tout ce qu'il peut atteindre, il a le pouvoir de modifier une foule d'êtres et de se modifier lui-même. Il a donc fallu exprimer l'état de ces êtres, avant et après qu'ils ont subi l'action humaine ; et sous ce point de vue on oppose, en général, la *nature* à l'*art* (qui est la puissance humaine), comme on oppose en particulier le sauvageon[49] à l'arbre greffé.

Ainsi donc, on peut entendre par ce mot de *nature :*

1° l'action divine manifestée dans l'univers ; 2° une cause quelconque agissant sous la direction de la première ; 3° l'ensemble des parties ou des qualités formant par leur réunion un système de choses ou un être individuel ; 4° l'état d'un être susceptible d'être modifié par l'action humaine avant qu'il ait subi cette modification.

Après ces explications préliminaires, on peut raisonner sur *l'état de nature*, et si l'on a le malheur de se tromper, on n'aura pas au moins celui de ne pas s'entendre.

« L'état de nature », dit Pufendorf[50], « n'est pas la condition que la nature se propose principalement comme le plus parfait et le plus convenable au genre humain » ; et ailleurs : « L'état de nature pur et simple [...] n'est pas un état auquel la nature ait destiné l'homme » (§ 4).

C'est-à-dire que l'état de nature est contre nature, ou, en d'autres termes, que la nature ne veut pas que l'homme vive dans l'état de nature.

L'énoncé de cette proposition est un peu étrange ; mais qu'on ne s'étonne point : il suffit de s'entendre. Qu'est-ce donc que cet *état de nature pur et simple* qui est contre nature ?

« C'est celui où l'on conçoit que chacun se trouve par la naissance, en faisant abstraction de toutes les inventions et de tous les établissements purement humains ou inspirés à l'homme par la divinité [...] et sous lesquels nous comprenons non seulement les diverses sortes d'arts avec toutes les commodités de la vie en général, mais encore les sociétés civiles, dont la formation est la principale source du bel ordre qui se voit parmi les hommes » *(ibid.*, § 1).

En un mot, l'homme dans l'état de nature « est un homme tombé des nues » (§ 2).

Pufendorf a raison : l'usage ordinaire opposant l'état de nature à l'état de civilisation, il est clair que l'homme dans le premier état n'est que l'homme, moins tout ce qu'il tient des institutions qui l'environnent dans le second état, c'est-à-dire un homme qui n'est pas homme.

Je cite ce jurisconsulte célèbre, quoiqu'il ne soit plus à la mode, parce qu'il exprime des idées qui sont à peu près dans toutes les têtes, et qu'il s'agit seulement de développer.

Il est clair que, dans les textes cités, le mot de *nature* ne peut être pris dans le troisième sens que je lui ai donné d'après l'usage, c'est-à-dire pour *l'ensemble des pièces et des forces qui constituent le système de l'univers,* car le tout est un ouvrage et non un ouvrier. On ne peut donc prendre le mot de *nature* que dans les deux premiers sens en tant qu'il exprime une *action,* et dans le quatrième en tant qu'il exprime un *état.*

En effet, lorsqu'on dit que la *nature* destine ou ne destine pas un tel être à un tel état, ce mot de *nature* réveille nécessairement l'idée d'une intelligence et d'une volonté.

Lorsque Pufendorf dit que l'état de nature est contre nature, il ne se contredit point : il donne seulement au même mot deux significations différentes. Dans le premier cas, ce mot signifie un *état,* et dans le second une *cause.* Dans le premier cas, il est pris pour l'exclusion de l'art et de la civilisation ; et dans le second, pour l'action d'un agent quelconque.

Or, comme dans une équation l'un des membres peut toujours être pris pour l'autre puisqu'ils sont égaux, pareillement le mot *nature,* toutes les fois qu'il exprime une *action,* ne pouvant signifier que l'action divine, manifestée immédiatement ou par l'intermède d'un agent secondaire quelconque, il s'ensuit que, sans altérer les valeurs, on peut toujours substituer la valeur *Dieu* à celle de *nature*[51].

La proposition se réduit donc à celle-ci : *l'état de nature n'est point un état auquel Dieu ait destiné l'homme* : proposition très claire et, de plus, très raisonnable.

« Il n'y a point d'absurdité », disait Cicéron, « qui n'ait été soutenue » (il aurait pu ajouter : *et il n'y a point de vérité qui n'ait été niée)* « par quelque philosophe[52] ».

Il plut jadis aux épicuriens, ensuite à Lucrèce leur disciple, et de nos jours à Rousseau, de soutenir que l'homme n'est pas un être social ; mais Lucrèce est bien plus modéré que Rousseau. Le premier s'est contenté de soutenir qu'à tout prendre, l'état de nature n'a pas plus d'inconvénient que celui d'association[53] ; au lieu que le citoyen de Genève, qui ne s'arrête jamais dans le chemin de l'erreur, soutient nettement que la société est un abus : il a fait un livre pour le prouver.

Marc Aurèle n'était pas de cet avis lorsqu'il disait qu'« un être est social par là même qu'il est raisonnable[54] ». Mais Rousseau remonte à la source pour écarter le sophisme de l'empereur philosophe, et il remarque sagement que *l'homme qui médite est un être dégradé*[55] .

Cependant Rousseau fait un aveu remarquable au sujet de l'inégalité des conditions, c'est-à-dire de la société. « La religion », dit-il, « nous ordonne de croire que Dieu lui-même ayant tiré les hommes de l'état de nature, ils sont inégaux parce qu'il a voulu qu'ils le fussent ; mais elle ne nous défend pas de former des conjectures, tirées de la seule nature de l'homme et des êtres qui l'environnent, sur ce qu'aurait pu devenir le genre humain, s'il fût resté abandonné à lui-même[56] ».

C'est-à-dire que le livre de Rousseau est fait pour savoir ce que serait devenu le genre humain, s'il n'y avait point de Dieu, ou si les hommes avaient agi À SON INSU.

Voilà, il faut l'avouer, un livre bien utile ! Voltaire, dont le cœur ne valait rien, mais dont la tête était parfaitement saine[57], fit très bien de ne répondre à cet ouvrage que par une plaisanterie[58]. La raison froide de cet homme avait en horreur ces déclamations boursouflées, ce non-sens éloquent plus insupportable mille fois que les innocentes platitudes des hommes sans prétentions.

Avant d'examiner si l'homme est fait ou n'est pas fait pour la société, on ne peut se dispenser d'observer que cette question, de même que toutes celles qu'on peut élever sur la morale et la politique, n'a de sens que dans le système du théisme et du spiritualisme, c'est-à-dire dans le système d'une intelligence supérieure, dont les plans peuvent être contredits par des agents libres d'un ordre inférieur.

En effet, s'il n'y a point d'intention primitive, et si tout ce qui existe n'est que le résultat d'un enchaînement de causes aveugles, tout est nécessaire : il n'y a plus ni choix, ni moralité, ni bien, ni mal[59].

Rousseau, qui abuse de tous les mots, abuse, plus que de tout autre, de celui de *nature*. Il l'emploie, sans le définir, à chaque page du discours sur l'inégalité des conditions ; il en fait tout ce qu'il veut ; il impatiente le bon sens.

Il lui arrive cependant quelquefois de rencontrer la raison par hasard, mais toujours sans vouloir la saisir. « Sans l'étude sérieuse de l'homme », dit-il, « on ne viendra jamais à bout [...] de séparer, dans l'actuelle constitution des choses, ce qu'a fait la volonté divine, d'avec ce que l'art humain a prétendu faire[60] ».

D'abord, si l'art humain a seulement *prétendu* faire, il n'a rien fait : ainsi l'ouvrage de Dieu reste dans son intégrité. Mais ne chicanons pas sur les mots avec un homme qui les emploie si mal, et supposons qu'il a dit ce qu'il voulait dire. Il s'agit donc de distinguer, dans l'homme, *ce que la volonté divine a fait, de ce que l'art humain a fait.*

Mais qu'est-ce que l'*art humain* ? Ce n'était pas assez de la *nature* ; voici encore une autre puissance que Rousseau personnifie dans sa langue antiphilosophique, et qu'il introduit sur la scène. Si l'art humain n'est pas la *perfectibilité*[61], je ne sais ce que Rousseau a voulu dire.

Le castor, l'abeille et d'autres animaux déploient bien aussi un *art* dans la manière dont ils se logent et se nourrissent : faudra-t-il aussi faire des livres pour distinguer dans chacun de ces animaux *ce que la volonté divine a fait, de ce que l'art de l'animal a fait* ?

Mais, dira-t-on, l'art de l'animal est purement mécanique, il fait aujourd'hui ce qu'il a fait hier ; au lieu que l'art de l'homme, aussi varié que ses conceptions, est susceptible de plus et de moins dans une latitude dont il est impossible d'assigner les bornes.

Ce n'est point ici le lieu de disputer sur la nature des animaux. Il suffit d'observer que l'*art* de l'animal diffère de celui de l'homme en cela seul, que chez l'homme il est perfectible, et qu'il ne l'est point chez l'animal.

Maintenant, pour simplifier la question, imaginons un homme seul sur la terre, qui ait duré autant que le genre humain entier, et qui ait réuni en lui toutes les facultés successivement déployées par tous les hommes.

Par la nature même des choses, il n'a pu être créé enfant, puisqu'il n'aurait pu subsister. Il posséda donc en naissant toutes les forces de l'homme adulte et même quelques-unes de nos connaissances acquises : autrement il serait mort de faim avant d'avoir pu découvrir l'usage de sa bouche.

Je suppose donc que cet homme, souffrant de l'intempérie de l'air, s'abrite dans une caverne : jusque-là il est encore *homme naturel ;* mais si, la trouvant trop étroite, il s'avise d'en prolonger l'abri en tressant à l'entrée quelques branches soutenues par des pieux, voilà de l'art incontestablement. Cessa-t-il alors d'être *homme naturel,* et ce toit de feuillage *appartient-il à la volonté divine ou à l'art humain* ? Rousseau aurait probablement soutenu que l'homme était déjà corrompu à cette époque[62]. Lisez les extravagantes lignes qui commencent l'*Émile*[63] : vous y verrez que « tout est bien en sortant des mains de l'auteur des choses ; mais que tout dégénère entre les mains de l'homme ; qu'il force une terre à nourrir les productions d'une autre, un arbre à porter le fruit d'un autre [...] ; qu'il bouleverse tout, qu'il défigure tout ; qu'il aime la difformité, les monstres, etc. ». Suivez ce raisonnement, et vous verrez que c'est un abus de faire cuire un œuf[64]. Dès qu'on oppose l'*art humain* à la *nature,* on ne sait plus où s'arrêter : il y a peut-être aussi loin de la caverne à la cabane, que de la cabane à la colonne corinthienne, et comme tout est *artificiel* dans l'homme en sa qualité d'être intelligent et perfectible, il s'ensuit qu'en lui ôtant tout ce qui tient à l'*art,* on lui ôte tout.

M. Burke[65] a dit, avec une profondeur qu'il est impossible d'admirer assez, que « l'art est la nature de l'homme » : voilà le grand mot qui renferme plus de vérité et plus de sagesse que les ouvrages de vingt philosophes de ma connaissance.

« Ce n'est pas une légère entreprise », dit encore Rousseau, « de démêler ce qu'il y a d'originel et d'artificiel dans la nature actuelle de l'homme, et de bien connaître un état qui n'existe plus, qui peut-être n'a jamais existé[66] ».

Cette dernière supposition est la seule vraie, et il faut avouer que rien n'est plus *difficile que de bien connaître un état qui n'a jamais existé*. Il est absurde d'imaginer que le Créateur ait donné à un être des facultés qu'il ne doit jamais développer, et encore plus absurde de supposer qu'un être quelconque puisse se donner des facultés, ou se servir de celles qu'il a reçues pour établir un ordre de choses contraire à la volonté du Créateur. La moralité des actions humaines consiste en ce qu'il peut faire bien ou mal dans l'ordre où il est placé, mais point du tout en ce qu'il peut changer cet ordre ; car on sent assez que toutes les essences sont invariables[67]. Ainsi il dépend de l'homme de faire bien ou mal dans la société, mais non d'être social ou insocial.

Il n'y a donc point eu d'*état de nature* dans le sens de Rousseau, parce qu'il n'y a jamais eu de moment où l'art humain n'ait existé. Si l'on veut appeler *état de nature* l'état où était le genre humain lorsque l'industrie des hommes n'avait fait encore qu'un petit nombre de pas mal assurés, à la bonne heure : il suffit de s'entendre ; mais toujours il reste démontré que, dans les progrès de l'espèce humaine vers la perfection des arts et de la civilisation, progrès qui se sont opérés par des nuances imperceptibles, il est impossible de tirer une ligne philosophique qui sépare un état de l'autre.

L'animal trouve à sa portée tout ce qui lui est nécessaire. Il n'a pas la puissance de s'approprier les êtres qui l'environnent et de les modifier pour son usage. Au contraire, l'homme ne trouve sous sa main que les matériaux bruts de ses jouissances, et c'est à lui de les perfectionner[68]. Tout résiste à sa puissance animale, tout plie devant son intelligence. Il écrit sur les trois règnes de la nature[69] les titres de sa grandeur, et le sage qui a reçu des yeux pour les lire s'exalte jusqu'au ravissement.

L'*art humain,* ou la perfectibilité, étant donc la *nature* de l'homme, autrement dit, la qualité qui le constitue ce qu'il est par la volonté du Créateur, demander ce qui dans l'homme appartient à la volonté divine et ce qui appartient à l'art humain, c'est tout comme si l'on demandait ce qui dans l'homme vient de la volonté divine, ou de la nature qu'il tient de la volonté divine.

Mais ce Rousseau, qui nous représente *l'état de nature* comme celui où *l'homme ne raisonnait pas*[70], où *il était abandonné à lui-même*[71], où, *n'ayant avec son semblable aucune sorte de relation ni de devoir connu, il ne pouvait être ni bon ni méchant*[72], où *il vivait isolé dans les bois parmi les animaux*[73], où *il errait dans les forêts sans industrie, sans parole, sans liaisons,* [...] *peut-être même sans jamais reconnaître un de ses semblables individuellement*[74], où *la violence et l'oppression étaient impossibles*[75], ce Rousseau, dis-je, avait avancé en commençant que ce furent la violence et l'oppression qui mirent fin à l'état de nature[76] ; et ce qu'il débite là-dessus est si étrange, qu'on a besoin de le relire deux fois pour en croire ses yeux.

« De quoi donc », dit Rousseau, « s'agit-il précisément dans ce discours (sur l'inégalité) ? – de marquer, dans le progrès des choses, le moment où le droit succédant à la violence, la nature fut soumise à la loi ; d'expliquer par quel enchaînement de prodiges le fort put se résoudre à servir le faible, et le peuple à acheter un repos en idée, au prix d'une félicité réelle[77]. »

Les hommes n'étaient donc plus *épars* ; quoique dans l'état de nature, ils étaient cependant réunis en société ; mais la violence s'introduisit parmi eux, et, pour se tirer de cet état qui n'était fatigant que pour les *faibles*, les *forts*, qui étaient les maîtres, consentirent *à servir les faibles et à soumettre la nature à la loi.* Et le *peuple*, qui était heureux sous l'empire de la violence, changea ce bonheur *réel* contre le bonheur *idéal* que donnent les lois.

En récapitulant les différents objets que Rousseau se proposait dans son discours sur l'inégalité, on trouve qu'il a fait son livre pour savoir :

1° Ce que le genre humain serait devenu après la création, s'il n'y avait point eu de Créateur ;

2° Pour distinguer dans la constitution humaine ce qui vient de la volonté divine de ce qui vient de la volonté humaine ;

3° Pour se former des idées justes et donner une description parfaite d'un état qui n'a jamais existé ;

4° Enfin (et c'est de ceci qu'il s'agit PRÉCISÉMENT[78]) pour savoir *par quel enchaînement de prodiges* la violence, qui était impossible dans l'état de nature[79], força les hommes à sortir de cet état ; et comment le *peuple*, possédant une *félicité réelle* sous l'heureux empire de la violence, put se résoudre à l'abdiquer, pour jouir d'un *repos en idée* sous le dur et insupportable règne de la loi.

On ne dira pas que j'ai mis quelque chose du mien dans ce court exposé pour tourner Rousseau en ridicule.

Si ce ne sont ses paroles expresses, c'en est le sens[80].

Le meilleur moyen de réfuter ce prétendu philosophe, c'est de l'analyser et de le traduire dans une langue philosophique : alors on est surpris d'avoir pu lui donner un instant d'attention.

La source de ses erreurs, au reste, était dans l'esprit de son siècle, auquel il payait tribut, sans s'en apercevoir[81]. Mais ce qu'il avait de particulier, c'était un caractère excessif qui le portait toujours à outrer ses opinions[82]. L'erreur, chez d'autres écrivains, s'avance lentement et cache sa marche ; mais chez Rousseau elle n'a point de pudeur. Ses idées folles d'indépendance et de liberté l'ont conduit à regretter la condition des animaux et à chercher la véritable destination de l'homme dans l'absence de toute moralité. Il le représente dans son ÉTAT NATUREL, « nu et sans armes, forcé de défendre sa vie et sa proie contre les AUTRES bêtes féroces[83] ».

Dans cet état, « les enfants ne restent liés au père qu'aussi longtemps qu'ils ont besoin de lui pour se conserver. Sitôt que le besoin cesse, le lien naturel se dissout. Les enfants exempts de l'obéissance qu'ils devaient au père, le père exempt des soins qu'il devait aux enfants, rentrent tous également dans l'indépendance[84] ».

Quant à l'union des sexes, « l'appétit satisfait, l'homme n'a plus besoin de telle femme, ni la femme de tel homme. Celui-ci n'a pas le moindre souci ni peut-être la moindre idée des suites de son action. L'un s'en va d'un côté, l'autre d'un autre, et il n'y a pas d'apparence qu'au bout de neuf mois ils aient la mémoire de s'être connus. Cette espèce de mémoire par laquelle un individu donne la préférence à un autre pour l'acte de la génération, suppose plus de progrès ou de CORRUPTION dans l'entendement humain qu'on ne peut lui en supposer dans l'état d'ANIMALITÉ, etc.[85] »

Tout lecteur honnête et qui a quelque idée de la dignité de sa nature est d'abord révolté par ces absurdes turpitudes ; mais bientôt la pitié l'emporte sur la colère, et l'on se contente de dire :

Heureux si de son temps, pour cent bonnes raisons,
Genève eût possédé des petites maisons !
Et qu'un sage tuteur l'eût en cette demeure
Par avis de parents enfermé de bonne heure ![86]

....
....[87]

On ne peut imaginer que deux manières de connaître la destination de l'homme : l'histoire et l'anatomie. La première montre ce qu'il a toujours été ; la seconde montre comment ses organes répondent à sa destination, et la certifient.

Lorsqu'un naturaliste écrit l'histoire naturelle d'un animal, il n'a d'autre flambeau pour se conduire que celui des faits. Les savants du siècle dernier me paraissent avoir agi plus philosophiquement qu'on ne le pense de nos jours, lorsqu'ils appuyèrent la politique sur l'érudition. Cette méthode déplaît beaucoup à nos discoureurs modernes, et ils ont leurs raisons pour la trouver mauvaise. Il est un peu plus aisé d'insulter la science que de l'acquérir.

Rousseau reproche à Grotius « d'établir toujours le droit par le fait ». « C'est », dit-il, « sa plus constante manière de raisonner. On pourrait établir une manière plus conséquente, mais non pas plus favorable aux tyrans[88] ».

Comment ne pas s'étonner de l'extrême légèreté avec laquelle les ignorants de nos jours parlent de ces prodiges de science qui, dans les deux derniers siècles, ont ouvert, avec des travaux incroyables, toutes les mines que nous exploitons aujourd'hui si commodément ? On peut sans doute abuser de l'érudition ; mais, en général, ce n'est pas une si mauvaise méthode que celle *d'établir le droit par le fait* : pour connaître la nature de l'homme, le moyen le plus court et le plus sage est incontestablement de savoir ce qu'il a toujours été. Depuis quand les théories peuvent-elles être opposées aux faits ? L'histoire est la politique expérimentale ; c'est la meilleure ou plutôt la seule bonne[89]. Rousseau a traité la politique comme Buffon[90] a traité la physique : les savants que nous[91] dédaignons la traitèrent comme Haller ou Spallanzani[92]. On reproche à Grotius d'avoir cité les poètes à l'appui de quelques-uns de ses systèmes ; mais, pour établir des faits, les poètes sont d'aussi bons témoins que les autres écrivains. M. l'abbé Mau[93] a rendu un véritable service aux sciences en compilant les différentes autorités qui établissent les changements que la température des différents climats a éprouvés depuis les temps anciens. Ovide, en décrivant les froids atroces qu'il éprouvait dans son exil[94], présente des objets de comparaison très piquants, et il est aussi bon à citer qu'un historien. Homère, au deuxième livre de l'*Iliade,* décrit une sédition qui s'éleva parmi les Grecs fatigués du long siège de Troie. Ils courent en foule aux vaisseaux et veulent partir malgré leurs chefs ; alors le sage Ulysse, poussé par Minerve, se jette au milieu des séditieux et leur adresse entre autres ces paroles remarquables :

Trop de chefs vous nuiraient ; qu'un seul homme ait l'empire.
Vous ne pouvez, ô Grecs, être un peuple de rois.
Le sceptre est à celui qu'il plut au Ciel d'élire
Pour régner sur la foule et lui donner des lois[95].

Ce n'est point du tout une chose indifférente pour moi de savoir ce que le bon sens antique pensait de la souveraineté ; et lorsque je me rappelle avoir lu dans saint Paul que *toute puissance vient de Dieu*[96], j'aime à lire dans Homère, à peu près dans les mêmes termes, *que la dignité* (du roi) *vient de Jupiter qui le chérit*[97]. J'aime entendre cet oracle de Delphes, rendu aux Lacédémoniens prêts à recevoir les lois de Lycurgue ; oracle que Plutarque nous a transmis d'après le vieux Tyrtée, et qui appelle les rois *des hommes divinement revêtus de majesté*[98].

J'avoue mon faible : ces textes, quoique pris chez des poètes, m'intéressent davantage, me donnent plus à penser que tout le *Contrat social*[19].

Il faut savoir gré aux écrivains qui nous apprennent ce que les hommes ont fait et pensé dans tous les temps. L'homme imaginaire des philosophes est étranger à la politique, qui ne travaille que sur ce qui existe.

Or, si nous demandons à l'histoire ce que c'est que l'homme, l'histoire nous répond que l'homme est un être social, et que toujours on l'a observé en société. On est fort dispensé, je crois, de s'occuper de quelques hommes sauvages et isolés trouvés dans les bois et vivant à la manière des bêtes. Ces histoires, si elles sont vraies, sont des anomalies si rares qu'elles doivent être mises à l'écart dans l'examen de la question qui nous occupe : il serait trop déraisonnable de chercher la nature générale de l'espèce dans les accidents de l'individu. Et il faut bien remarquer qu'on n'a point droit de nous dire : *Prouvez que l'homme a toujours vécu en société,* car nous répondrions : *Prouvez qu'il a vécu autrement,* et, dans ce cas, rétorquer c'est répondre, parce que nous avons pour nous, non seulement l'état actuel de l'homme, mais son état de tous les siècles, attesté par les monuments incontestables de toutes les nations.

Les philosophes, et Rousseau surtout, parlent beaucoup des *premiers hommes* ; mais il faudrait s'entendre :

ces expressions vagues ne présentent aucune idée déterminée. Fixons-en le nombre, dix mille, par exemple ; plaçons-les même encore quelque part, pour les considérer plus à notre aise, en Asie[100], par exemple. Ces hommes que nous voyons si bien maintenant, d'où viennent-ils ? Descendent-ils d'un ou de plusieurs couples[101] ?

On peut invoquer ici un principe général, dont l'illustre Newton a fait une des bases de sa philosophie : c'est qu'« on ne doit point admettre en philosophie plus de causes qu'il n'est nécessaire pour expliquer les phénomènes de la nature[102] ». En effet, comme l'a très bien dit Pemberton en expliquant ce principe, « quand un petit nombre de moyens suffisent pour produire un effet, il n'en faut pas mettre en œuvre davantage. La chose est bien claire : car, si l'on se donnait la licence de multiplier les causes physiques sans nécessité, toutes nos recherches philosophiques aboutiraient à un pur pyrrhonisme, puisque la seule preuve que nous puissions avoir de l'existence d'une cause est sa nécessité pour produire des effets connus. Ainsi, quand une cause suffit, c'est peine perdue d'en imaginer une autre, puisque cette autre cause étant anéantie, l'effet n'en existerait pas moins pour cela ».

Et Linné, appliquant cette maxime incontestable à l'objet qui nous occupe dans ce chapitre, observe qu'« une longue suite de siècles ayant pu avoir produit des causes accidentelles pour toutes les variétés qu'on remarque dans chaque espèce différente d'animaux, on peut en conséquence admettre comme un axiome qu'il n'y a eu dans l'origine qu'un seul couple de chaque espèce d'animaux qui se multiplient par le moyen des deux sexes[103]. »

Ainsi la raison parle aussi haut que la Révélation, pour établir que le genre humain descend d'un seul couple. Mais ce couple n'ayant jamais été dans l'état d'enfance, et ayant joui, dès l'instant de sa création, de toutes les forces de notre nature, dut nécessairement être revêtu, dès ce même instant, de toutes les connaissances nécessaires à sa conservation. De plus, comme il était environné d'animaux plus forts que lui, et qu'il était seul, il dut encore nécessairement être revêtu d'une force, d'une puissance proportionnée à ses besoins. Enfin, toute intelligence créée ayant des rapports naturels avec l'intelligence créatrice, le premier homme dut avoir, sur sa nature, sur ses devoirs, sur sa destination, des connaissances très étendues et qui en supposent une foule d'autres, car il n'y a point de barbarie partielle[104]. Ceci nous conduit à une considération très importante : c'est que l'être intelligent ne peut perdre ses connaissances primitives que par des événements d'un ordre extraordinaire, que la raison humaine réduite à ses propres forces ne peut que soupçonner. Rousseau et tant d'autres font pitié en confondant sans cesse l'homme primitif avec l'homme sauvage, tandis que ces deux êtres sont précisément les deux extrêmes. Les mystères nous environnent de toute part : peut-être que si l'on savait ce que c'est qu'un sauvage et pourquoi il y a des sauvages, on saurait tout. Ce qu'il y a de sûr, c'est que le sauvage est nécessairement postérieur à l'homme civilisé[105]. Examinons, par exemple, l'Amérique. Ce pays porte tous les caractères d'une terre nouvelle. Or, comme la civilisation est de toute antiquité dans l'ancien monde, il s'ensuit que les sauvages qui habitaient l'Amérique à l'époque de sa découverte descendaient d'hommes civilisés. Il faut nécessairement admettre cette proposition ou soutenir qu'ils étaient sauvages de père en fils depuis la création, ce qui serait extravagant.

Lorsqu'on considère une nation en particulier, on la voit s'élever d'un état quelconque de grossièreté vers le dernier terme de la civilisation, et de là les observateurs superficiels ont conclu que la vie sauvage est le premier état de l'homme, ou, pour me servir de leurs termes dépourvus de sens, l'*état de nature.* Il n'y a que deux erreurs énormes dans cette assertion. En premier lieu[106], les nations sont *barbares* dans leur enfance, mais non *sauvages.* Le barbare est une moyenne proportionnelle entre le sauvage et le citoyen. Il possède déjà une infinité de connaissances ; il a des habitations, une agriculture quelconque, des animaux domestiques, des lois, un culte, des tribunaux réguliers : il ne lui manque que les sciences. La vie simple n'est pas la vie sauvage. Il existe un monument unique dans l'univers, et le plus précieux dans son genre, à ne le considérer que comme un simple livre historique : c'est la Genèse. Il serait impossible d'imaginer un tableau plus naturel de l'enfance du monde. Après ce livre vient l'*Odyssée, longo sed proximus intervallo*[107]. Le premier monument ne présente aucune trace de la vie sauvage ; et dans le second même, qui est très postérieur, on trouvera la simplicité, la barbarie, la férocité, mais point du tout l'abrutissement des sauvages. Cet état n'a jamais été observé qu'en Amérique[108] ; du moins il n'y a point de preuve qu'il ait existé ailleurs. Les Grecs nous ont parlé d'un temps où l'agriculture n'était pas connue de leurs ancêtres, où ils vivaient des fruits spontanés de la terre. Ils ont dit qu'ils tenaient cette découverte de la main d'une divinité. On peut penser ce qu'on voudra de l'époque de l'agriculture chez les anciens Grecs. Si la civilisation parfaite a besoin de l'agriculture, la société simplement dite peut s'en passer. D'ailleurs ne sait-on pas que les Grecs étaient des enfants, comme dit fort bien le prêtre égyptien dans le *Timée*[109] ? Sans la moindre connaissance de l'Antiquité, ils ne connaissaient qu'eux, ils rapportaient tout à eux, et pour eux, les premiers hommes étaient les premiers habitants de la Grèce.

Quand donc il y aurait eu de véritables sauvages parmi les Grecs, ils sont si jeunes qu'on n'en pourrait rien conclure pour l'état primitif de l'homme.

Consultons les Égyptiens si anciens et si célèbres : que nous diront-ils ? Que l'Égypte, après avoir été gouvernée par les huit premiers dieux pendant un espace de temps dont il est impossible de fixer le commencement, tomba au pouvoir des douze dieux suivants, près de dix-huit mille ans avant notre ère ; que les dieux du troisième ordre régnèrent ensuite durant 2 000 ans ; que du premier roi-homme qui monta sur le trône, comme tout le monde sait, l'an 12 356, jusqu'à Moeris, il y eut 330 rois dont on ne sait pas le mot[110], excepté seulement qu'ils régnèrent pendant 10 000 ans[111].

Si des Égyptiens nous passons aux Orientaux bien plus anciens qu'eux, comme le démontre l'inspection seule du terrain de l'Égypte, nous trouverons encore des myriades de siècles, et toujours le règne des dieux précédant celui des hommes. Partout des théophanies, des incarnations divines, et des alliances de héros et de dieux ; mais nulle trace de ce prétendu état d'*animalité* dont quelques philosophes nous ont bercés. Or, il ne faut jamais oublier que les traditions des peuples, et surtout les traditions générales, sont nécessairement vraies dans un sens, c'est-à-dire qu'elles admettent l'altération, l'exagération et autres ingrédients de la faiblesse humaine, mais que leur caractère général est inaltérable et nécessairement fondé sur la vérité. En effet, une tradition dont l'objet n'est pas un fait particulier ne peut pas commencer contre la vérité : il n'y a aucun moyen de faire cette hypothèse. Si les anciens peuples avaient vécu pendant des siècles dans l'état de brutes, jamais ils n'auraient imaginé le règne des dieux et les communications divines ; au contraire, ils auraient brodé sur cet état primitif et les poètes nous auraient peint les hommes broutant dans les forêts, ayant du poil et des griffes, et ne sachant pas même parler : et, en effet, c'est ce que nous ont conté les poètes grecs et latins, parce que les Grecs, ayant eu des ancêtres, non pas sauvages, mais barbares, brodèrent sur cet état de barbarie, ainsi que les poètes latins leurs copistes ; mais ils ne savaient rien sur l'Antiquité, et surtout ils étaient d'une ignorance incroyable sur les langues anciennes. C'est ce qui obligeait leurs sages de voyager, et d'aller, sur les bords du Nil ou du Gange, interroger des hommes plus anciens qu'eux.

Plus on consultera l'histoire et les traditions antiques, et plus on se convaincra que l'état de sauvage est une véritable anomalie, une exception aux règles générales ; qu'il est postérieur à l'état social ; que s'il a existé plus d'une fois, il est au moins très rare dans la durée générale ; qu'il n'a existé incontestablement qu'en Amérique, et qu'au lieu de rechercher comment le sauvage peut de son état d'abrutissement s'élever à la civilisation, c'est-à-dire comment une plante courbée[112] peut se redresser, il vaudrait mieux se faire la question contraire.

On a trouvé dans l'Amérique septentrionale une

inscription et des figures antiques que Court de Gébelin a expliquées d'une manière risible dans son *Monde primitif*[113]. On a trouvé dans le même pays, encore plus au Nord, les traces d'une fortification régulière. Les hommes, auteurs de ces monuments, étaient-ils les ancêtres des Américains modernes, ou ne l'étaient-ils pas ? Dans la première hypothèse, comment ce peuple s'est-il abruti sur son sol ? Dans la seconde, comment s'est-il abruti ailleurs, et est-il venu se substituer à un peuple civilisé qu'il a fait disparaître, ou qui avait disparu avant l'arrivée de ces nouveaux habitants ? Ce sont là des questions intéressantes, faites pour exercer toute la sagacité de l'esprit humain. Sans doute, personne n'a droit d'exiger des solutions claires : nous observons depuis si peu de temps, nous savons si peu de choses sur la véritable histoire des hommes, qu'on ne peut guère exiger des meilleurs esprits, que des conjectures plus ou moins plausibles ; mais ce qui impatiente, c'est de voir ces hommes qui passent à côté des plus grands mystères sans s'en apercevoir, venir ensuite, d'un ton hautain et apocalyptique, nous débiter en style d'initié ce que tous les enfants savent et ce que tous les hommes ont oublié ; aller chercher l'histoire de l'homme primitif dans quelques faits particuliers et modernes ; feuilleter quelques voyageurs d'hier, tirer de leurs récits le vrai et le faux et nous dire fastueusement :

« Ô HOMME ! de quelque contrée que tu sois, quelles que soient tes opinions, écoute : voici ton histoire telle que *j'ai cru la lire*[114], non dans les livres de tes semblables, qui sont menteurs, mais dans la nature, qui ne ment jamais[115] ».

Ne dirait-on pas que Rousseau n'est pas le *semblable* de ses lecteurs ; que son discours n'est pas un *livre* ; que lui seul, parmi tous les hommes qui ont existé, a pu lire *dans la nature*, et que cette vieille nourrice lui a dit tous ses secrets[116] ? En vérité, on ne conçoit pas comment de pareilles jongleries ont pu obtenir un instant d'attention.

Partout où l'homme a pu observer l'homme, il l'a toujours trouvé en société : cet état est donc pour lui l'*état de nature*. Peu importe que cette société soit plus ou moins perfectionnée chez les différentes familles humaines, c'est toujours la société. Les sauvages mêmes ne font point d'exception, d'abord parce qu'ils vivent aussi en société et parce qu'ils ne seraient d'ailleurs qu'une dégradation de l'espèce, une branche séparée, on ne sait comment, du grand arbre social.

L'anatomie de l'homme, de ses facultés physiques et morales achèverait la démonstration, s'il manquait quelque chose à celle que l'histoire nous fournit. Sa main lui soumet tout ce qui l'environne. Les substances les plus réfractaires du règne minéral cèdent à son action puissante. Dans le règne végétal et dans le règne animal son empire est encore plus frappant : non seulement il s'assujettit une foule d'espèces de ces deux ordres, mais il les modifie, il les perfectionne, il les rend plus propres à sa nourriture ou à ses plaisirs ; les animaux avec lesquels il peut avoir des rapports doivent le servir, le nourrir, l'amuser ou disparaître. La terre sollicitée par ses travaux lui fournit une infinité de productions. Elle nourrit les autres animaux, elle n'obéit qu'à lui. L'agent universel, le feu, est à ses ordres et n'appartient qu'à lui. Toutes les substances connues sont unies, divisées, durcies, ramollies, fondues, vaporisées par l'action puissante de cet élément. Son art, combinant l'eau et le feu, se procure des forces incalculables. Des instruments admirables le transportent au milieu des sphères célestes, il les compte, il les mesure, il les pèse ; il devine ce qu'il ne peut voir ; il ose plus qu'il ne peut ; mais lors même que ses instruments sont faux et que ses organes le trahissent, ses méthodes n'en sont pas moins justes, l'exactitude est dans sa pensée, et souvent il est plus grand par ses tentatives que par ses succès[117].

Ses excursions hardies dans le monde moral ne sont pas moins admirables, mais ses arts et ses sciences sont des fruits de l'état social, et le domaine qu'il exerce sur la terre tient absolument à la même cause. Semblables aux lames d'un aimant artificiel, les hommes n'ont de force que par leur union ; isolés, ils ne peuvent rien, et c'est la preuve que l'état social est *naturel*, car il n'est pas permis de supposer que Dieu ou la *nature*, si l'on veut parler le langage ordinaire, ait donné à l'homme des facultés qu'il ne devait pas déployer. Cette contradiction métaphysique n'entrera dans aucune tête saine. « J'ai montré », dit Rousseau, « que la perfectibilité, les vertus sociales et les autres facultés que l'homme naturel avait reçues en puissance ne pouvaient jamais se développer d'elles-mêmes ; qu'elles avaient besoin pour cela du concours fortuit de plusieurs causes étrangères, qui pouvaient ne jamais naître, et sans lesquelles il fût demeuré éternellement dans sa condition primitive[118]. »

C'est-à-dire que Dieu avait donné à l'homme des facultés qui devaient demeurer en *puissance*, mais que des événements *fortuits* qui *pouvaient ne pas arriver* les ont fait passer à l'acte. Je doute qu'on ait jamais dit une bêtise de cette force. Celui qui l'a dite n'existant plus, rien n'empêche qu'on appelle les choses par leur nom.

C'est très mal à propos que la perfectibilité est mise ici sur la même ligne comme une faculté particulière avec *les vertus sociales et les autres facultés humaines*. La perfectibilité n'est point une qualité particulière de l'homme ; elle est, s'il est permis de s'exprimer ainsi, la qualité de toutes ses qualités. Il n'y a pas en lui une seule puissance qui ne soit susceptible de perfectionnement ; il est tout perfectible ; et dire que cette faculté pouvait demeurer *en puissance,* c'est dire que, non seulement dans un être individuel, mais dans une classe entière d'êtres, l'essence pouvait demeurer en puissance[119] ; et, encore une fois, il est impossible de qualifier cette assertion.

Il est aisé de faire l'anatomie de cette erreur et de montrer comment elle s'était formée. Rousseau ne voyait en tout que l'écorce des choses ; et comme il n'approfondissait rien, son expression s'en ressentait. On peut observer, dans tous ses ouvrages, qu'il prend tous les mots abstraits dans leur acception populaire : il parle, par exemple, de *cas fortuits* qui auraient pu ne pas arriver. Sortons des généralités, et venons à des suppositions particulières. Il voit deux sauvages isolés qui, se promenant chacun de leur côté, viennent à se rencontrer et prennent fantaisie de vivre ensemble : il dit qu'ils se rencontrent *par hasard.* Il voit une graine détachée d'un arbuste et tombant sur une terre disposée pour la féconder ; il voit un autre sauvage qui, s'apercevant de la chute de la graine et de la germination qui en est la suite, reçoit ainsi la première leçon d'agriculture : il dit que la graine est tombée *par hasard,* que le sauvage l'a vue *par hasard* ; et, comme il n'est pas nécessaire qu'un tel homme en rencontre un autre, et que telle graine tombe, il appelle ces événements *des cas fortuits qui pouvaient ne pas arriver.* En tout cela, sa gouvernante aurait parlé précisément comme lui. Sans examiner si l'on peut dire et jusqu'à quel point l'on peut dire que ce qui arrive pouvait ne pas arriver[120], il est certain au moins que les plans généraux du Créateur sont invariables : par conséquent, si l'homme est fait pour la société, un tel sauvage pourra bien ne pas en rencontrer un autre ; mais il faudra en général que les sauvages se rencontrent[121] et deviennent des hommes. Si l'agriculture est propre à l'homme, il sera bien possible qu'une telle graine ne tombe pas sur une telle terre ; mais il est impossible que l'agriculture ne soit pas découverte de cette manière ou d'une autre[122].

Les facultés de l'homme prouvent donc qu'il est fait pour la société, parce qu'une créature ne peut avoir reçu des facultés pour n'en pas user. De plus, l'homme étant un être actif et perfectible, et son action ne pouvant s'exercer que sur les êtres qui l'environnent, il s'ensuit que ces êtres ne sont pas d'eux-mêmes ce qu'ils doivent être, parce que ces êtres sont coordonnés avec l'existence et les attributs de l'homme, et qu'un être ne peut agir sur un autre qu'en le modifiant. Si les substances étaient réfractaires autour de l'homme, sa perfectibilité serait une qualité vaine puisqu'elle n'aurait ni objets ni matériaux. Donc le bœuf est *fait* pour labourer, le cheval pour être bridé, le marbre pour être taillé, le sauvageon pour être greffé, etc. Donc *l'art est la nature de l'homme*[123], donc l'ordre que nous voyons est l'ordre *naturel*.

La parole d'ailleurs prouverait seule que l'homme est un être social par essence. Je ne me permettrai aucune réflexion sur l'origine de la parole. Assez d'enfants[124] ont balbutié sur ce sujet sans que je vienne encore faire entendre la voix d'un autre. Il est impossible d'expliquer par nos petits moyens l'origine du langage et ses diversités. Les langues ne purent être inventées ni par un seul homme qui n'aurait pu se faire obéir, ni par plusieurs hommes qui n'auraient pu s'accorder. La parole ne saurait exprimer ce que c'est que la parole. Bornons-nous à dire sur cette faculté ce qui a été dit de Celui qui s'appelle PAROLE[125] : *qui pourra raconter son origine* ? Je me permettrai seulement une observation, c'est qu'on fait assez communément, sur l'origine du langage, le même sophisme que sur l'origine de la civilisation : on examine l'origine d'une langue, au lieu de remonter à celle du langage, comme on raisonne sur la civilisation d'une famille humaine en croyant parler de celle du genre humain. Quand la langue d'une horde sauvage n'aurait que trente mots, serait-il permis d'en conclure qu'il fut un temps où ces hommes ne parlaient pas, et que ces trente mots sont *inventés* ? Point du tout, car ces mots seraient un *souvenir* et non une *invention*, et il s'agirait de savoir au contraire comment cette horde, descendant nécessairement d'une des nations civilisées qui ont passé sur le globe, comment, dis-je, il est possible que la langue de cette nation se soit ainsi rapetissée et métamorphosée, au point de n'être plus qu'un jargon pauvre et barbare. C'est, en d'autres termes, la même question qui a été proposée plus haut sur les sauvages, car la langue n'est qu'un portrait de l'homme, une espèce de parhélie[126] qui répète l'astre tel qu'il est.

Au reste, je suis bien éloigné de croire que les langues des sauvages soient aussi pauvres qu'on pourrait l'imaginer. Les voyageurs qui les ont apprises nous ont transmis des discours tenus par ces sauvages, qui nous donnent une idée assez avantageuse de la richesse et de l'énergie de leurs langues. Tout le monde connaît cette réponse d'un sauvage auquel un Européen conseillait de changer de demeure avec toute sa tribu. « Comment veux-tu que nous fassions », lui dit le sauvage, « quand nous pourrions nous déterminer à partir, dirions-nous aux os de nos ancêtres : *Levez-vous et suivez-nous* ? » Certes le dictionnaire de ce brave homme devait avoir une certaine étendue. Horace soupant chez Mécène, où l'on parlait fort bien, pouvait appeler à son aise les premiers hommes : *troupeau vil et muet*[127] ; mais ces hommes muets n'ont jamais existé que dans l'imagination des poètes. La parole est aussi essentielle à l'homme que le vol l'est à l'oiseau. Dire qu'il fut un temps où la parole était *en puissance* chez l'espèce humaine, et dire qu'il fut un temps où l'art de voler était *en puissance* chez l'espèce volatile, c'est absolument la même chose. Dès que l'aile est formée, l'oiseau vole. Dès que la glotte et les autres organes de la parole sont formés, l'homme parle. Pendant qu'il apprend, l'organe n'est pas formé, mais il se perfectionne avec la pensée et il exprime toujours tout ce qu'il peut exprimer. Ainsi, à proprement parler, chez l'enfance même, l'organe ne demeure point *en puissance :* car dès qu'il est formé et même pendant qu'il se forme, il passe à l'acte, sous l'empire d'une première cause intelligente. On ne sait ce que c'est qu'une faculté qui *peut* ne pas se déployer ; on ne sait ce que c'est qu'un organe inorganique.

Mais si l'homme est fait pour parler, c'est apparemment pour parler à quelqu'un ; et cette faculté vraiment céleste étant le lien de la société, l'organe de toutes les entreprises de l'homme et le moyen de sa puissance, elle prouve qu'il est social, comme elle prouve qu'il est raisonnable, la parole n'étant que la raison extérieure ou la raison manifestée.

Concluons donc toujours, comme Marc Aurèle : *L'homme est social, parce qu'il est raisonnable.* Ajoutons encore : *mais il est corrompu dans son essence, et par conséquent il lui faut un gouvernement*[128].

CHAPITRE DEUX

L'homme naît mauvais dans une partie de son essence

L'homme est une énigme dont le nœud n'a cessé d'occuper les observateurs. Les contradictions qu'il renferme étonnent la raison et lui imposent silence. Qu'est-ce donc que cet être inconcevable qui porte en lui des puissances qui se heurtent, et qui est obligé de se haïr pour s'estimer ?

Tous les êtres qui nous entourent n'ont qu'une loi et la suivent en paix. L'homme seul en a deux ; et toutes les deux l'attirant à la fois en sens contraire, il éprouve un déchirement inexplicable. Il a un but moral vers lequel il se tient obligé de marcher, il a le sentiment de ses devoirs et la conscience de la vertu ; mais une force ennemie l'entraîne, et il la suit en rougissant.

Sur cette corruption de la nature humaine tous les observateurs sont d'accord, et Ovide parle comme saint Paul :

Je vois le bien, je l'aime, et le mal me séduit[129].
Mon Dieu ! quelle guerre cruelle !
Je sens deux hommes en moi[130].

Xénophon s'écriait aussi par la bouche de l'un des personnages de la *Cyropédie* : *Ah ! je me connais maintenant et j'éprouve sensiblement que j'ai deux âmes, l'une qui me porte au bien, et l'autre qui m'entraîne vers le mal*[131].

Épictète avertissait l'homme qui veut s'avancer vers la perfection de se défier de lui-même *comme d'un ennemi et d'un traître*[132].

Et le plus excellent moraliste qui ait écrit n'avait pas tort de dire que *le grand but de tous nos efforts doit être de nous rendre plus forts que nous-mêmes*[133].

Rousseau sur ce point ne peut contredire la conscience universelle. « Les hommes sont méchants », dit-il, « une triste et continuelle expérience dispense de la preuve[134] ». Mais il ajoute tout de suite avec un orgueil tranquille qui fait éclater de rire : « cependant l'HOMME est naturellement bon : je crois l'avoir démontré[135] ».

Comme cette démonstration est un peu délayée dans les différents ouvrages de Rousseau, il est bon de la dépouiller de son entourage et de la présenter au lecteur, réduite à sa plus simple expression.

L'homme est naturellement bon si ses vices ne découlent pas de sa nature. Or, tous les vices de l'homme viennent de la société qui est contre la nature :

Donc l'homme est naturellement bon.

Qu'on feuillette Rousseau tant qu'on voudra : on ne trouvera rien de plus sur la question, c'est sur ce tas de sable que reposent les grands édifices du *Discours sur l'inégalité*, de l'*Émile* et même en partie du *Contrat social.*

Les développements de ce syllogisme sont admirables : par exemple, si vous trouvez que l'adultère trouble un peu la société, Rousseau vous répondra tout de suite : « Pourquoi vous mariez-vous ? On vous prend votre femme parce que vous en avez une : c'est votre faute ; de qui vous plaignez-vous ? Dans l'état de nature, qui est le bon, on ne se marie point, on s'accouple. L'appétit satisfait, l'homme n'a plus besoin de telle femme, ni la femme de tel homme [...] l'un s'en va d'un côté et l'autre d'un autre. [...] La préférence donnée par un individu à l'autre pour l'acte de la génération suppose [...] plus de corruption dans l'entendement humain qu'on ne peut lui en supposer dans l'état d'animalité[136]. »

Si le spectacle d'un fils dénaturé vous révolte, c'est encore la faute de la société ; car, dans l'état de nature, les enfants ne sont liés au père qu'aussi longtemps qu'ils ont besoin de lui pour se conserver : dès que le besoin cesse, le lien naturel se dissout, l'enfant est exempt d'obéissance, comme le père est exempt de soins[137].

Les voleurs vous déplaisent-ils ? Songez que c'est la propriété qui fait les voleurs, et que la propriété est directement contre nature ; que, suivant l'axiome du sage Locke très bien appliqué, *il ne saurait y avoir d'injure où il n'y a point de propriété*[138], que *les guerres, les meurtres, les misères, les crimes et les horreurs* de toute espèce qui accablent le genre humain sont l'ouvrage du premier audacieux qui ayant enclos un terrain s'avisa de dire : Ceci est à moi[139].

La tyrannie et tous les maux qu'elle enfante n'ont pas d'autre source. En effet, « quelles pourraient être les chaînes de la dépendance parmi les hommes qui ne possèdent rien ? Si l'on me chasse d'un arbre, j'en suis quitte pour aller à un autre ; si l'on me tourmente dans un lieu, qui m'empêchera de passer ailleurs ? » Supposez qu'un homme soit assez fort pour m'enchaîner : « Sa vigilance se relâche-t-elle un moment : je fais vingt pas dans la forêt, mes fers sont brisés, il ne me revoit de sa vie[140] », et le tyran redevient bon[141].

Ainsi, la preuve que l'homme est naturellement bon, c'est qu'il s'abstient de tout le mal qu'il ne peut commettre.

Ailleurs cependant, Rousseau est plus raisonnable. « En méditant », dit-il, « sur la nature de l'homme, j'y crus découvrir deux principes distincts (l'un bon et l'autre mauvais). En me sentant entraîné, combattu par ces deux mouvements contraires, je me disais : Non, l'homme n'est point un : je veux et je ne veux pas ; je me sens à la fois esclave et libre ; je vois le bien, je l'aime, et je fais le mal[142]. »

Je n'examine point la conclusion pitoyable que Rousseau tire de cette observation : elle prouverait seule qu'il n'a jamais vu que la superficie des objets ; mais je n'écris point sur la métaphysique.

C'est bien dommage, au reste, que Rousseau ait *découvert* le mauvais principe qui est dans l'homme : sans lui Socrate aurait eu la priorité. Un de ses plus illustres disciples nous a transmis les idées de son maître sur cette étonnante contradiction qui est dans l'homme. *La nature*, disait Socrate, *a réuni dans cet être* les principes de la sociabilité et de la dissension : car d'un côté nous voyons que les hommes ont besoin de s'entraider, qu'ils éprouvent le sentiment de la pitié pour les malheureux, qu'ils ont un penchant naturel à s'accorder du secours dans leurs besoins mutuels, et qu'ils ont de la reconnaissance pour les services qu'ils reçoivent ; mais, d'un autre côté, si le même objet allume les désirs de plusieurs, ils se battent pour le posséder, et tâchent de se supplanter ; la colère et les contestations produisent l'inimitié, la convoitise étouffe la bienveillance, et de l'envie naît la haine[143].

Mais si l'un des principes *découverts* dans l'*Émile* « ramène l'homme bassement en lui-même, l'asservit à l'empire des sens, aux passions qui sont leurs ministres et contrarie par elles tout ce que lui inspire l'autre principe[144] », à quoi sert que celui-ci « l'élève à l'étude des vérités éternelles, à l'amour de la justice et du beau moral, aux régions du monde intellectuel dont la contemplation fait les délices du sage[145] » ? Puisque l'homme est composé d'un principe qui *conseille* le bien, et d'un autre qui *fait* le mal, comment un tel être pourra-t-il vivre avec ses semblables ? Hobbes a parfaitement raison, pourvu qu'on ne donne point trop d'extension à ses principes[146]. La société est réellement un état de guerre[147] : nous trouvons donc ici la nécessité du gouvernement ; car puisque l'homme est mauvais, il faut qu'il soit *gouverné* ; il faut que, *lorsque plusieurs veulent la même chose,* un pouvoir supérieur à tous les prétendants adjuge la chose et les empêche de se battre : donc il faut un souverain et des lois ; et, sous leur empire même, la société n'est-elle pas encore un champ de bataille *en puissance* ? Et l'action des magistrats, qu'est-elle autre chose qu'un pouvoir pacificateur et permanent, qui s'interpose sans relâche entre les citoyens, pour défendre la violence, ordonner la paix, et punir les infracteurs de la grande *trêve de Dieu*[148] ? Ne voyons-nous pas que, lorsque des révolutions politiques suspendent cette puissance divine, les nations malheureuses qui subissent ces commotions tombent brusquement dans cet état de guerre, que la force s'empare du sceptre, et que cette nation est tourmentée par un déluge de crimes[149].

Le gouvernement n'est donc point une affaire de choix ; il résulte de la nature même des choses. Il est impossible que l'homme soit ce qu'il est et qu'il ne soit pas gouverné, car un être social et mauvais doit être sous le joug.

Les philosophes de ce siècle, qui ont ébranlé les bases de la société, ne cessent de nous parler des vues que les hommes eurent en se réunissant en société. Il suffit de citer Rousseau parlant pour tous. « Les peuples », dit-il, « se sont donné des chefs pour défendre leur liberté et non pour les asservir[150] ». C'est une erreur grossière, mère de beaucoup d'autres. L'homme ne s'est rien *donné* ; il a tout reçu : il a des chefs parce qu'il ne peut pas s'en passer[151], et la société n'est ni ne peut être le résultat d'un pacte, elle est celui d'une loi.

L'auteur de toutes choses, n'ayant pas jugé à propos de soumettre l'homme à des êtres d'une nature supérieure, et l'homme devant être gouverné par son semblable, il est clair que ce qu'il y a de bon dans l'homme devait gouverner ce qu'il y a de mauvais. L'homme, comme tout être pensant, est ternaire de sa nature[152]. C'est un *entendement* qui appréhende, c'est une raison ou un *logos* qui compare et qui juge, c'est un *amour* ou une volonté qui se détermine et qui agit ; or, quoiqu'il soit affaibli dans ses deux premières puissances, il n'est réellement blessé[153] que dans la troisième, et même encore le *coup* qu'elle a reçu ne l'a pas privée de ses qualités primitives ; elle *veut* le mal, mais elle *voudrait* le bien ; elle s'agite, elle tourne sur elle-même, elle rampe péniblement comme un reptile dont on a brisé un anneau ; la demi-vie qui lui reste fut exprimée très philosophiquement par une assemblée d'hommes qui n'étaient point *philosophes,* lorsqu'ils dirent que la volonté de l'homme (ou sa liberté, c'est la même chose) est *estropiée.*

Les lois de la justice et du beau moral sont gravées dans nos cœurs en caractères ineffaçables, et le plus abominable scélérat les invoque chaque jour. Voyez ces deux brigands qui attendent le voyageur dans la forêt ; ils le massacrent, ils le dépouillent : l'un prend la montre, l'autre la boîte, mais la boîte est garnie de diamants : « CE N'EST PAS JUSTE ! s'écrie le premier, il faut partager également[154] ». Ô divine conscience, ta voix sacrée ne cesse point de se faire entendre : toujours elle nous fera rougir de ce que nous sommes, toujours elle nous avertira de ce que nous pouvons être[155].

Mais puisque cette voix céleste se fait toujours entendre, et se fait même toujours obéir lorsque l'homme « n'est pas ramené bassement en lui-même par ce mauvais principe qui l'asservit à l'empire des sens et aux passions qui sont leurs ministres », puisque l'homme est infaillible quand son intérêt grossier ne se place pas entre sa conscience et la vérité, il peut donc être gouverné par son semblable, pourvu que celui-ci ait la force de se faire obéir. Car la puissance souveraine résidant sur une seule tête, ou sur un petit nombre de têtes par rapport à celui des sujets, il y aura nécessairement une infinité de cas où cette puissance n'aura aucun intérêt d'être injuste. De là résulte, en théorie générale, qu'il vaut mieux être gouverné que ne l'être pas, et que toute association quelconque sera plus durable et marchera plus sûrement vers son but si elle a un chef, que si chaque membre conservait son égalité à l'égard de tous les autres ; et plus le chef sera séparé de ses subordonnés, moins il aura de contacts avec eux, plus l'avantage sera sensible, parce qu'il y aura moins de chance en faveur de la passion contre la raison.

Notes

1. Le titre de ce chapitre, comme celui du suivant, avait été donné par l'éditeur Charles de Maistre. Il n'est donc pas de l'auteur.

2. En réalité 1753, soit l'année de naissance de Joseph de Maistre.

3. *Discours sur l'origine et les fondements de l'inégalité parmi les hommes par Jean-Jacques Rousseau, citoyen de Genève* (1755). *Cf. Œuvres complètes*, tome III, La Pléiade, Gallimard, 1964, pp. 109-223.

4. La dédicace « À la République de Genève » représente en effet près d'un dixième de l'ouvrage de Rousseau. Ce vibrant témoignage de patriotisme fut d'ailleurs fraîchement reçu par les Genevois, qui y virent une description exagérément flatteuse de leur cité.

5. Maistre indique plus loin (*cf. infra*, note 55) la référence de l'édition qu'il utilise dans cet écrit : *Discours sur l'origine et les fondements de l'inégalité parmi les hommes*, Amsterdam, 1755.

6. *Œuvres complètes*, tome III, *op. cit.*, p. 164.

7. Ce qui suit est moins un résumé fidèle du début de la seconde partie du *Discours* de Rousseau qu'une caricature délibérée.

8. *Discours*, p. 101. (NdA)

9. *Ibid.*, p. 102. (NdA)

10. *Ibid.*, p. 103. (NdA)

11. *Ibid.*, p. 105. (NdA)

12. *Ibid.*, p. 108. (NdA)

13. *Ibid.*, p. 111. (NdA)

14. *Ibid.*, p. 112. (NdA)

15. *Ibid.*, p. 117, 118. (NdA). Maistre résume assez grossièrement le passage suivant du *Discours* : « [...] tant qu'ils ne s'appliquèrent qu'à des ouvrages qu'un seul pouvait faire, et qu'à des arts qui n'avaient pas besoin du concours de plusieurs mains, ils vécurent libres, sains, bons et heureux autant qu'ils pouvaient l'être par leur nature, et continuèrent à jouir entre eux des douceurs d'un commerce indépendant : mais dès l'instant qu'un homme eut besoin du secours d'un autre ; dès qu'on s'aperçut qu'il était utile à un seul d'avoir des provisions pour deux, l'égalité disparut, la propriété s'introduisit, le travail devint nécessaire [...] » (*Œuvres complètes*, tome III, *op. cit.*, p. 171).

16. *Ibid.* (NdA). *Cf. Œuvres complètes*, tome III, *op. cit.*, p. 171 : « La métallurgie et l'agriculture furent les deux arts dont l'invention produisit cette grande révolution. Pour le poète, c'est l'or et l'argent, mais pour le philosophe ce sont le fer et le blé qui ont civilisé les hommes et perdu le genre humain. »

17. *Ibid.*, p. 126 (NdA). *Œuvres complètes*, tome III, *op. cit.*, p. 174.

18. *Œuvres complètes*, tome III, *op. cit.*, p. 187.

19. *Ibid.*, p. 169.

20. *Cf. Ibid.*, pp. 167-168.

21. En réalité, pour Rousseau, métallurgie et agriculture sont à l'origine du droit de propriété, donc relèvent du premier terme de l'inégalité et non du second, comme l'affirme à tort Maistre.

22. L'ironie hautaine de l'ancien magistrat fait en revanche mouche ici.

23. L'exemple de l'austère loi spartiate n'est évidemment pas pris au hasard, Rousseau faisant partie, comme Maistre du reste, des inconditionnels de Sparte.

24. Lucius Quinctius Cincinnatus, consul romain du Ve siècle avant J.-C., considéré comme un modèle de vertu et de simplicité.

25. *Œuvres complètes*, tome III, *op. cit.*, pp. 170-171.

26. Rousseau, qui n'analyse rien, confond la loi écrite avec la loi en général : voilà pourquoi il suppose des sociétés sans lois. Il suppose encore des lois antérieures à la magistrature. Ces deux idées sont de la même force. Croyait-il qu'on n'eût jamais puni un meurtre avant qu'il y eût une loi écrite contre le meurtre ? Et la coutume en vertu de laquelle on punissait le meurtrier de telle ou telle peine n'était-elle pas une loi, puisque la coutume n'est que la volonté présumée du législateur ? En second lieu, la loi n'étant que la volonté du législateur, rendue active pour le redressement des torts, on ne peut concevoir la loi sans l'organe de la loi, distinct du législateur ou confondu avec lui. En sorte que l'idée de loi est une idée relative d'une double manière, et qu'il est aussi impossible de la concevoir sans magistrats que sans législateur. (NdA)

27. Le hasard ! (NdA). Chantre de la Providence divine, Maistre ne croit évidemment guère au hasard.

28. Le hasard qui EÛT DÛ !!! Effectivement il eut bien tort ! La *nature* EÛT DÛ le faire arrêter pour l'empêcher d'*arriver*. (NdA)

29. On dit dans la conversation familière : « Cet homme était fait pour telle profession ; c'est dommage qu'il ne l'ait pas suivie. » Rousseau s'empare de cette expression et la transporte dans la langue philosophique, suivant sa coutume. En sorte que voilà un être intelligent *qui était fait* (par Dieu apparemment) pour la vie des sauvages et qu'*un funeste hasard* a précipité dans la civilisation (malgré Dieu apparemment). Ce funeste hasard *aurait bien dû* ne pas arriver, ou Dieu *aurait bien dû* s'y opposer ; mais personne ne fait son devoir ! (NdA)

30. Rousseau prend ici la *jeunesse d'une nation* pour la *jeunesse du monde* : c'est la même sottise que j'ai relevée plus haut. (NdA)

31. *Discours sur l'inégalité*, p. 116 (NdA). *Cf. Œuvres complètes*, tome III, *op. cit.*, p. 171.

32. *Contrat social*, livre III, chap. V. (NdA)

33. Maistre renvoie ici à la longue note XVI du *Discours* (*Œuvres complètes*, tome III, *op. cit.*, pp. 220-221).

34. Rousseau stigmatise les sauvages « sanguinaires et cruels » un peu avant l'appel de la note XVI (*cf. Œuvres complètes*, tome III, *op. cit.*, p. 170).

35. C'est-à-dire le *tomahawk*, la hache des Amérindiens.

36. *Discours sur l'inégalité*, p. 114 (NdA). *Cf. Œuvres complètes*, tome III, *op. cit.*, p. 170.

37. *Discours sur l'inégalité*, p. 114 (NdA). Citation approximative.

38. *Ibid.*, p. 113. (NdA)

39. *Ibid.*, p. 114. (NdA)

40. « J'ai ajouté quelques notes selon ma coutume paresseuse de travailler à bâtons rompus » (Avertissement sur les notes, p. LXXI) (NdA). *Cf. Œuvres complètes*, tome III, *op. cit.*, p. 128.

41. Horace, *Art poétique*, vv. 34-35 : « Son ouvrage restera imparfait, parce qu'il ne saura point faire un tout » (traduction de Charles Batteux, Saillant et Nyon, 1771).

42. Le manuscrit comporte une lacune à cet endroit.

43. Chrysostomus, apud Grotius, *De Jure Belli et Pacis*, livre I, chap. V (NdA). Cette citation de saint Jean Chrysostome n'apparaît pas dans le *Droit de la guerre et de la paix* de Grotius, contrairement à ce qu'indique Maistre.

44. Ralph Cudworth (1617-1689), philosophe et théologien anglais appartenant à l'école platonicienne de Cambridge, constituée en réaction à la philosophie matérialiste et athée du XVIIe siècle.

45. *Radulphi Cudworthi Systema intellectuale hujus universi cum not. Laurentius Moshemii in præf.* (NdA). Maistre renvoie ici à la traduction latine par Johann Lorenz Mosheim de l'œuvre majeure de Cudworth, *The True Intellectual System of the Universe* (1678).

46. La nature plastique (*Plastic Nature*) de Cudworth est une force formatrice, qui permet de rendre compte de l'ordre providentiel du monde sans devoir supposer une intervention directe de Dieu.

47. Maistre semble ici faire allusion au naturalisme d'Hippocrate, un auteur qu'il apprécie particulièrement. La tradition médi-

cale hippocratique postulait l'existence en nous d'une faculté de guérison naturelle (*vis medicatrix naturæ*), sans toutefois y voir l'œuvre d'un être suprême.

48. Petit acarien parasite du fromage, qui symbolise l'infiniment petit, notamment dans les *Pensées* de Pascal.

49. Arbre ou arbuste qui a poussé spontanément dans la nature.

50. *Droit de la nature et des gens,* livre I [Livre II en réalité], chap. II, § 1, traduction de Barbeyrac (NdA). Maistre fait grand cas des jurisconsultes Hugo Grotius (1583-1645) et Samuel Pufendorf (1632-1694), qu'il juge bien plus savants que les philosophes de son temps.

51. Cette équation, *natura sive Deus* pour ainsi dire, inverse celle de Spinoza, *Deus sive natura,* qui réduit au contraire Dieu à la nature impersonnelle.

52. *De la divination,* livre II, § LVIII.

53. *Nec nimio tum plus quam nunc mortalia saecla/Dulcia linquebant lamentis lumina vitæ* (*De Natura rerum*). (NdA). Maistre cite un extrait du passage du poème de Lucrèce se rapportant aux premiers hommes : « Ne crois pas qu'à cette époque plus qu'aujourd'hui la race des mortels avait à quitter dans les gémissements la douce lumière de la vie » (*De la nature,* Chant V, vv. 988-989, traduction de Henri Clouard, Librairie Garnier frères, 1931).

54. Ἔστι τὸ λογικὸν εὐθὺς καὶ πολιτικόν. Marcus Aurelius, X (NdA). Cette citation est tirée des *Pensées pour moi-même* (livre X, 2) du philosophe stoïcien.

55. *Discours sur l'origine et les fondements de l'inégalité parmi les hommes,* Amsterdam, 1750 [1755 en réalité], in-8, p. 22. – Ailleurs, il oppose clairement l'*état de nature* à l'*état de raisonnement.* (*Ibid.,* p. 72). (NdA). *Cf. Œuvres complètes,* tome III, *op. cit.,* p. 138 et pp. 155-156. Rousseau ne dit pas « dégradé », mais « dépravé ».

56. *Ibid.,* p. 6. On peut déjà observer dans ce passage le défaut capital de Rousseau considéré comme philosophe : c'est d'employer à tout moment des mots sans les comprendre. Par exemple, *un être abandonné à lui-même,* philosophiquement parlant, est une

expression qui ne signifie rien (NdA). *Cf. Œuvres complètes,* tome III, *op. cit.*, p. 133.

57. L'athéisme de Voltaire lui répugne certes, mais le comte savoyard ne peut s'empêcher d'admirer sa froideur aristocratique, si éloignée du romantisme plébéien de Rousseau.

58. « Votre livre donne envie de marcher sur quatre pieds : mais comme j'en ai perdu l'habitude, depuis 60 ans, etc. » (NdA). Maistre cite de mémoire la célèbre lettre de Voltaire à Rousseau du 30 août 1755, accusant réception du « nouveau livre contre le genre humain » du citoyen de Genève (après son premier *Discours sur les sciences et les arts*).

59. À la différence du matérialisme militant, le providentialisme maistrien n'est donc pas un strict déterminisme.

60. *Discours sur l'inégalité,* préface, p. 69 (NdA). *Cf. Œuvres complètes,* tome III, *op. cit.*, p. 127.

61. Rousseau fait justement de la perfectibilité « la source de tous les malheurs de l'homme », parce qu'elle le fait sortir de l'état de nature. *Cf. Œuvres complètes,* tome III, *op. cit.*, p. 142.

62. « Le premier qui se fit des habits ou un logement se donna en cela des choses peu nécessaires, puisqu'il s'en était passé jusqu'alors, etc. » *(Discours,* p. 27) (NdA). *Cf. Œuvres complètes,* tome III, *op. cit.*, p. 140.

63. Début du livre I, intitulé « L'âge de nature ».

64. Il est pour le moins savoureux de voir l'apôtre de la Tradition immuable reprocher ainsi au père spirituel de la Révolution son refus de tout progrès.

65. Maistre a beaucoup d'admiration pour Edmund Burke (1729-1797), l'auteur des célèbres *Reflections on the Revolution in France* (1790).

66. *Discours sur l'inégalité,* p. 58 (NdA). *Cf. Œuvres complètes,* tome III, *op. cit.*, p. 123.

67. La liberté de pécher, reconnue plus haut à l'homme, est donc bien réelle, mais n'a rien d'absolu, contrairement à la liberté

créatrice de Dieu. Ainsi, en dépit des apparences, l'affirmation de l'invariabilité des essences ne contredit pas l'idée de perfectibilité, mais rappelle, aux philosophes des Lumières notamment, que celle-ci ne saurait être infinie, à moins d'être miraculeusement délestée du péché originel. Appartenant à l'ordre naturel, c'est-à-dire à l'ordre social pour Maistre, l'homme ne peut s'en abstraire, sinon par l'imagination.

68. Cela n'est pas sans rappeler le mythe de Prométhée et d'Épiméthée développé dans le *Protagoras* de Platon, « qu'on trouve toujours le premier sur la route de toutes les grandes vérités » d'après Maistre (*Œuvres complètes,* tome I, éditions Vitte et Perrussel, Lyon, 1884, p. 254).

69. C'est-à-dire les règnes minéral, végétal et animal.

70. *Discours sur l'inégalité,* p. 72 (NdA). *Cf. Œuvres complètes,* tome III, *op. cit.*, pp. 155-156.

71. *Ibid.*, p. 6 (NdA). *Cf. Œuvres complètes,* tome III, *op. cit.*, p. 133.

72. *Ibid.*, p. 63 (NdA). *Cf. Œuvres complètes,* tome III, *op. cit.*, p. 152.

73. *Ibid.*, p. 44 (NdA). Voici la formule exacte de Rousseau : « Quel progrès pourrait faire le genre humain épars dans les bois parmi les animaux ? » (*Œuvres complètes,* tome III, *op. cit.*, p. 146).

74. *Ibid.*, p. 84 (NdA). *Cf. Œuvres complètes,* tome III, *op. cit.*, pp. 159-160.

75. *Ibid.*, p. 88 (NdA). *Cf. Œuvres complètes,* tome III, *op. cit.*, p. 161. Il s'agit ici moins d'une citation, même approximative comme celles qui précèdent, que d'un rapide résumé du propos de Rousseau.

76. Allusion au passage suivant de la Préface du *Discours* : « En considérant la société humaine d'un regard tranquille et désintéressé, elle ne semble montrer d'abord que la violence des hommes puissants et l'oppression des faibles » (*Œuvres complètes,* tome III, *op. cit.*, pp. 126-127).

77. *Ibid.*, p. 3 (NdA). *Cf. Œuvres complètes*, tome III, *op. cit.*, p. 132.

78. *Ibid.*, p. 3 (NdA). *Cf. Œuvres complètes*, tome III, *op. cit.*, p. 132.

79. « J'entends toujours répéter que les plus forts opprimeront les plus faibles ; mais qu'on m'explique ce qu'on veut dire par ce mot d'oppression. [...] Je l'observe parmi nous, mais je ne vois pas comment elle pourrait avoir lieu parmi des hommes sauvages à qui l'on aurait même bien de la peine de faire entendre ce que c'est que servitude et domination. [...] Comment un homme viendra-t-il jamais à bout de se faire obéir ? [...] Si l'on me chasse d'un arbre, j'en suis quitte pour aller à un autre. » *(Discours,* etc., p. 89). (NdA). *Cf. Œuvres complètes*, tome III, *op. cit.*, p. 161.

80. Venant du maître du raccourci polémique, l'affirmation est osée ! Mais on saura gré à Maistre de ne pas prétendre être fidèle à la lettre du texte de Rousseau dans ce commentaire pour le moins orienté.

81. Maistre voit en effet en Rousseau, qui souffrait pourtant d'être en inadéquation avec son époque, la parfaite, bien qu'inconsciente, incarnation de l'esprit honni des Lumières.

82. L'auteur parle ici à l'évidence en connaissance de cause...

83. *Discours,* p. 14 (NdA). *Cf. Œuvres complètes*, tome III, *op. cit.*, p. 135.

84. *Contrat social,* livre I, chap. II (NdA). *Cf. Œuvres complètes*, tome III, *op. cit.*, p. 352.

85. *Discours,* note 10, n° 4, p. 248 (NdA). *Œuvres complètes*, tome III, *op. cit.*, p. 217, note XII, § 4. Les deux dernières citations ont manifestement pour but de « prouver » l'absence de moralité de Rousseau.

86. L'auteur de ces vers visant sans doute Rousseau est inconnu.

87. Nouvelle lacune dans le manuscrit.

88. *Contrat social,* livre I, chap. II (NdA). *Cf. Œuvres complètes*, tome III, *op. cit.*, p. 353.

89. Cette maxime définitive montre que l'on peut être contre-révolutionnaire et attaché aux traditions anciennes, sans pour autant renier l'histoire et la politique réelles.

90. Maistre juge usurpée la réputation scientifique du célèbre auteur de l'*Histoire naturelle*. Dans le cinquième des *Six paradoxes à Madame la marquise de Nav...*, il rapporte même le méchant mot de l'abbé Roncolotti sur le « *GRAN BUFFONE !!* » (*cf. Œuvres*, Robert Laffont, collection « Bouquins », 2007, p. 167).

91. Le « nous » désigne ici les « ignorants de nos jours », qui montrent fort peu de gratitude envers les grands savants tels Grotius et Pufendorf.

92. Albrecht von Haller (1708-1777) et Lazzaro Spallanzani (1729-1799) sont particulièrement appréciés par Maistre parce qu'ils s'opposèrent à la théorie de la génération spontanée, soutenue notamment par Buffon. Sans surprise, il préférait à cet équivalent scientifique de la révolution athée la conception opposée de la préexistence des germes, qui a au contraire l'avantage de confirmer la préséance du Créateur sur la création.

93. Auteur inconnu.

94. On peut à bon droit penser que Maistre, qui connut, quatorze années durant, les froides soirées de Saint-Pétersbourg, s'identifie ici au poète latin. Exilé à Tomes (aujourd'hui Constanta en Roumanie) par l'empereur Auguste, Ovide se plaint en effet constamment de l'hiver glacial dans les *Tristes* et les *Pontiques*.

95. Homère, *Iliade*, II, v. 203 *et seq.* (NdA). Maistre n'hésite pas à christianiser le discours d'Ulysse, au point d'en faire un souverainiste classique ! À comparer avec une traduction plus fidèle de ce passage : « Nous ne pouvons ici, nous autres Achéens, devenir tous des rois ! Il n'est pas bon d'avoir trop de chefs : un suffit, le prince à qui le fils du perfide Cronos a donné le pouvoir et confié le sceptre et les lois pour qu'il règne » (traduction de Robert Flacelière, Gallimard, 1955).

96. *Épître aux Romains*, XIII, 1.

97. Τιμὴ δ' ἐκ Διός ἐστι, φιλεῖ δέ ἑ μητίετα Ζεύς, *Iliade,* II, 197 (NdA).

98. Plutarque, *in Vita Lycurgi.* – Ce n'est pas trop, je crois, pour rendre θεοτιμήτους. *Graiis dedit ore rotundo Musa loqui* (NdA). Maistre, qui a traduit le traité de Plutarque *Sur les délais de la justice divine,* se réfère ici à la *Vie de Lycurgue,* VI, 10 (ce terme grec, qui figure dans le passage du poète Tyrtée cité par Plutarque, signifie littéralement « ceux que Dieu honore »). La citation finale est tirée de l'*Art poétique* d'Horace, vv. 323-324 : « Les Grecs ont reçu de la Muse une éloquence parfaite ».

99. Maistre consacre pourtant tout un ouvrage à la réfutation du *Contrat social* : *De la souveraineté du peuple. Un anti-contrat social,* édition établie par Jean-Louis Darcel, PUF, 1992. Ce texte, connu aussi sous le titre d'*Étude sur la souveraineté,* précède notre pamphlet, avec lequel il forme une unité polémique.

100. Maistre est convaincu que « toute la population du monde est partie de l'Asie, et du point de l'Asie déterminé par Moïse », c'est-à-dire la Perse. Voir sa lettre à M. le comte Jean Potocki du 5 (17) juin 1810.

101. Question purement rhétorique, on s'en doute !

102. Newton, *Éléments de la philosophie,* Introduction, p. 29, 1755 (NdA). Maistre cite la traduction française de l'ouvrage synthétique de Henry Pemberton, *View of Sir Isaac Newton's Philosophy,* paru à Londres en 1728.

103. Linné, cité dans l'*Esprit des journaux.* Mai 1794, p. 11 (NdA). Animé du souci louable d'appuyer ses interprétations sur des « faits », contrairement aux philosophes, Maistre ne choisit pourtant pas ses arguments d'autorité par hasard, le naturaliste suédois Carl von Linné (1707-1778) partageant avec Newton cette particularité d'être très attaché au mythe biblique de la Création.

104. Il n'y a donc pas à proprement parler d'évolution de l'humanité, mais plutôt une *involution* qui conduit de cet âge d'or à la barbarie. Celle-ci ne se situe pas au commencement, elle figure au

contraire le terme de la régression de l'humanité consécutive à la Chute.

105. Ce mythe du mauvais sauvage, considéré comme un être dégénéré, déchu de l'humanité parfaite, est tout aussi « extravagant » que l'état de nature de Rousseau, dont il est l'image inversée. Il sera pourtant repris par les grands auteurs traditionalistes du XXe siècle, René Guénon (1886-1951) et Julius Evola (1898-1974).

106. Il manque un « deuxièmement » dans le texte édité par Charles de Maistre. Dans son édition critique de l'ouvrage, Jean-Louis Darcel rétablit le passage qui figure en marge du manuscrit original de Joseph de Maistre : « En premier lieu, comme je viens de l'observer, la marche de telle ou de telle nation ne représente point celle du genre humain. Secondement, les nations sont *barbares* dans leur enfance, mais non *sauvages.* » (*De l'état de nature, Revue des études maistriennes,* n° 2, 1976, p. 84).

107. Proverbe latin inspiré de Virgile (*Énéide,* V, v. 320) : « Qui suit, mais à un long intervalle ».

108. Il s'agit donc bien d'une « rare anomalie », comme affirmé plus haut.

109. Platon, *Timée,* 22 b : « Solon, Solon, vous autres Grecs êtes toujours des enfants ; vieux, un Grec ne peut l'être » (traduction de Luc Brisson, GF, 1992).

110. C'est-à-dire dont on ne sait rien.

111. Maistre trouve ces « faits » dans l'*Histoire* d'Hérodote (*cf.* notamment II, 142), qui dit lui-même tout tenir de source purement égyptienne. Croit-il réellement à cette chronologie fantaisiste, d'une précision quelque peu ridicule ? Sa remarque ironique, « comme tout le monde sait », semble indiquer le contraire, mais la suite du texte montre que l'auteur ne badine pas avec l'idée de vérité. Le détail minutieux, visant à satisfaire la curiosité humaine, est sans doute faux, mais cela ne préjuge en rien de la véracité des traditions anciennes. Mieux vaut donc pour Maistre préserver

leur mystère en ne cherchant pas à les ramener à la faible compréhension humaine des choses.

112. Cette image fait bien sûr penser à l'homme déchu de sa nature divine, lesté du poids du péché originel.

113. Antoine Court de Gébelin (1725-1784) émet dans *Le Monde primitif analysé et comparé avec le monde moderne* la supposition que les Phéniciens auraient connu et colonisé l'Amérique, y laissant les vestiges dont il est question ici. On peut s'étonner de voir Maistre balayer ainsi une hypothèse qui va pourtant dans le sens de sa théorie générale de la *décivilisation* progressive, mais il reproche sans doute à son auteur illuministe ses exagérations et son enthousiasme douteux.

114. C'est à peu près le seul mot qu'on puisse passer dans le *Discours sur l'inégalité* (NdA).

115. Fin de l'introduction du second *Discours* de Rousseau (*Œuvres complètes*, tome III, *op. cit.*, p. 133).

116. Maistre épingle ici l'obsession de la transparence et du dévoilement chez Rousseau, qui trahit une absence de pudeur et une haine du mystère foncièrement plébéiennes.

117. Éloge inattendu, sous la plume du royaliste conservateur, de l'homme prométhéen, de l'expérimentateur.

118. *Discours*, première partie (*Œuvres complètes*, tome III, *op. cit.*, p. 162).

119. Cette réfutation de Rousseau, qui s'appuie sur l'opposition aristotélicienne de l'être en puissance et de l'être en acte, confirme que la perfectibilité, étant en quelque sorte la quintessence de l'homme, ne s'oppose pas à l'invariabilité des espèces.

120. Il faudrait donc en toute rigueur distinguer le providentialisme du fatalisme.

121. Je raisonne d'après les hypothèses de Rousseau, et sans prétendre donner à la société une origine aussi fausse. (NdA).

122. L'éditeur Charles de Maistre a « corrigé » le texte de Joseph de Maistre ici, effaçant du coup la symétrie voulue par

l'auteur. À comparer avec la version donnée par Jean-Louis Darcel d'après le manuscrit original : « Si l'homme est fait pour l'agriculture, il pourra bien se faire qu'une telle graine ne tombe pas sur une telle terre ; mais il ne peut se faire que l'agriculture ne soit pas découverte de cette manière ou d'une autre » (*Cf. De l'état de nature, op. cit.*, p. 90).

123. Maistre reprend ici la formule de Burke, déjà citée plus haut.

124. Au premier rang desquels figure évidemment Rousseau. *Cf. Discours*, première partie (*Œuvres complètes*, tome III, *op. cit.*, p. 146 et suivantes) et l'*Essai sur l'origine des langues*, publié en 1781, mais écrit à l'époque du *Discours*, auquel il devait à l'origine servir d'appendice.

125. Le début de l'Évangile de Jean identifie en effet Dieu au *Logos*, c'est-à-dire au Verbe, à la Parole.

126. Phénomène optique impressionnant, la parhélie est produite par la réflexion de la lumière solaire sur les petits cristaux de glace se trouvant en suspension dans l'atmosphère. Elle n'a donc qu'une réalité dérivée, tout comme le langage selon Maistre.

127. « *Mutum et turpe pecus* » (Horace, *Satires*, I, 3 [v. 100]). (NdA)

128. Conclusion qui inverse et parodie celle de Rousseau, pour qui l'entrée en société est la raison de la corruption de l'homme naturel.

129. « *Video meliora proboque ; deteriora sequor* » (Ovide, *Métamorphoses*). (NdA). Livre VII, vv. 20-21.

130. Racine d'après saint Paul. « *Sentio legem repugnantem*, etc. » (NdA). Maistre cite de mémoire le début du troisième cantique de Racine, qui s'inspire de l'*Épître aux Romains* (VII, 23).

131. Xénophon, *Cyropédie* (NdA). Maistre traduit librement un passage du chapitre 3 du livre VI.

132. Épictète, *Enchiridion*, cap. 72 (NdA). *Cf. Manuel*, § 48.

133. Cette « maxime qui serait digne d'Épictète chrétien » (*Les*

Soirées de Saint-Pétersbourg, 1er entretien, *Œuvres*, *op. cit.*, note B, p. 475) est tirée de l'ouvrage célèbre et anonyme du XVe siècle, l'*Imitation de Jésus-Christ*, livre I, chap. 3, 3.

134. *Discours sur l'inégalité*, note 7, p. 205 (NdA). *Œuvres complètes*, tome III, *op. cit.*, p. 202 (*cf.* note IX).

135. *Ibid.* – Observez cette finesse métaphysique : « *Les hommes* sont mauvais, mais *l'homme* est bon. *Homme !* ne vis donc qu'avec l'*homme* et garde-toi des *hommes*. » (NdA)

136. *Discours sur l'inégalité*, note 10, n° 4 (NdA). Ce passage, dont la désinvolture indigne particulièrement Maistre, a déjà été cité plus haut (voir supra, pp. 34-35).

137. *Contrat social*, livre I, chap. II (NdA). Nouvelle redite (*cf. supra*, p. 34). Il va de soi que la piété filiale est au contraire éminemment naturelle pour Maistre.

138. *Discours sur l'inégalité*, p. 114 (NdA). *Cf. Œuvres complètes*, tome III, *op. cit.*, p. 170.

139. *Ibid.*, p. 95 (NdA). *Cf. Œuvres complètes*, tome III, *op. cit.*, p. 164.

140. *Ibid.*, pp. 90-91 (NdA). *Cf. Œuvres complètes*, tome III, *op. cit.*, p. 161.

141. La chute est savoureuse, Maistre accusant implicitement Rousseau de nier toute responsabilité de l'homme dans ses mauvaises actions, puisque la propriété est rendue coupable de tout.

142. *Émile*, livre IV (NdA). Cette citation est tirée du début de la « Profession de foi du vicaire savoyard » (*L'Émile*, *Œuvres complètes*, tome IV, p. 583). Rousseau reprend lui aussi la célèbre exclamation de Médée dans les *Métamorphoses* d'Ovide.

143. Xénophon, *Memorabilia Socratis*, livre II, chap. VI. « On voit tous les jours, dans nos spectacles, s'attendrir et pleurer aux malheurs d'un infortuné, tel qui, s'il était à la place du tyran, aggraverait encore les tourments de son ennemi. » (Rousseau, *Discours sur l'inégalité*, p. 71). On pourrait dire pour employer des couleurs moins noires : *tel qui sifflerait le plus bel endroit de la pièce, si*

l'auteur était son ennemi. C'est toujours la même observation sous des formes différentes. (NdA). *Cf. Œuvres complètes*, tome III, *op. cit.*, p. 155.

144. *Émile,* livre IV (NdA). *Cf. Œuvres complètes*, tome IV, La Pléiade, Gallimard, 1969, p. 583.

145. *Ibid.* L'école de Zénon, en méditant sur la nature de l'homme, avait découvert qu'elle est viciée, et que l'homme, pour vivre d'une manière conforme à sa destination, avait besoin d'une *force purifiante* (Δύναμις καθαρτική) plus forte que la philosophie ordinaire *qui parle beaucoup et ne peut rien* : ἄνευ τοῦ πράττειν μέχρι τοῦ λέγειν (Epictetus, apud Agellium, lib. XVIII, cap. XIX) et il faut avouer que les machines inventées par les stoïciens pour guider l'homme au-dessus de lui-même n'étaient pas mauvaises, en attendant mieux (NdA). C'est-à-dire évidemment le christianisme. La formule d'Épictète, que Maistre a trouvée dans un recueil ancien, est en réalité rapportée par son disciple Arrien.

146. Hobbes n'est qu'un allié de circonstance ici (l'ennemi de son ennemi, Rousseau), puisqu'il participe du mouvement mécaniste et veut séparer la politique de la religion, le temporel du spirituel. Maistre n'en retient que le pessimisme anthropologique et la nécessité d'un souverain absolu, incontesté, le fameux Léviathan.

147. Comme le montre la suite du texte, Maistre a bien compris que pour Hobbes la guerre de tous contre tous, qui fait rage à l'état de nature, n'est pas *réellement* surmontée dans l'état social, mais y reste *latente.* La paix civile doit donc être maintenue par un pouvoir fort et juste. Maistre n'en démordra pas, comme le montre ce passage de son éloge *Du Pape* : « L'homme, en sa qualité d'être à la fois moral et corrompu, juste dans son intelligence et pervers dans sa volonté, doit nécessairement être gouverné ; autrement il serait à la fois sociable et insociable, et la société serait à la fois nécessaire et impossible » (Livre II, chap. 1).

148. Ce plaidoyer *pro domo* du magistrat savoyard prouve que Maistre souhaite la mise en place de garde-fous interdisant les

dérives autoritaires, là où Hobbes n'assigne aucune limite au pouvoir du souverain.

149. Cette allusion transparente à la Révolution française montre que les remèdes radicaux en matière politique entraînent nécessairement des maux encore plus grands que l'injustice combattue, relançant l'état de guerre de tous contre tous. Toute révolution constitue en ce sens un tragique retour à l'état de nature tel que défini par Hobbes.

150. *Discours sur l'inégalité,* p. 146 (NdA). *Cf. Œuvres complètes,* tome III, *op. cit.*, p. 181.

151. La souveraineté du peuple, souhaitée par Rousseau, est dès lors une chimère dangereuse.

152. Maistre renoue ici avec la conception traditionnelle d'une nature ternaire de l'homme, que l'on trouve par exemple chez Platon et qui a été occultée par la pensée dualiste. Lire à ce sujet l'ouvrage de Michel Fromaget, *Corps, âme, esprit. Introduction à l'anthropologie ternaire,* Albin Michel, coll. « Question de », 1991.

153. À cause du péché originel bien évidemment.

154. Cette idée d'un sens inné de la justice même chez les voleurs remonte à Platon (*cf. République,* I, 351c).

155. Maistre reprend à son compte, non sans quelque distance ironique, la célèbre profession de foi romantique du vicaire savoyard : « Conscience ! conscience ! instinct divin, immortelle et céleste voix [...]. » (*Émile,* livre IV, *Œuvres complètes,* tome IV, *op. cit.*, pp. 600-601).

Le mauvais sauvage

Pour François, le bon sauvage

À l'origine au service d'une critique iconoclaste de la civilisation européenne, le mythe du bon sauvage[1] devient au XVIIIe siècle un lieu commun, rarement remis en cause. On peut même affirmer, sans grande exagération, que l'anthropologie et l'ethnologie modernes n'auraient pas vu le jour si le siècle des Lumières n'avait pas tant idéalisé les « primitifs », censés incarner notre innocence perdue. Les tard-venus que nous sommes ressentons tout particulièrement cette fascination empreinte de nostalgie pour l'homme immémorial, figé dans l'enfance parfaite rêvée par les adultes et tenu pour le seul et heureux détenteur de profonds secrets.

C'est tout le mérite de Joseph de Maistre d'avoir très tôt brisé ce miroir enchanté, tendu à l'homme notamment par Rousseau, et visant à lui faire honte de ce qu'il serait devenu à la suite de son entrée en société.

Mais pourquoi s'attaquer à l'auteur du *Discours sur l'origine et les fondements de l'inégalité parmi les hommes* (1755) alors que les descriptions de l'état de nature abondent en cette fin de siècle ? Dira-t-on qu'il choisit une cible facile, ayant déjà attiré les foudres de bien d'autres conservateurs outrés avant lui[2] ? En réalité, ce n'est pas tant la personnalité torturée de Jean-Jacques qui intéresse Maistre ici que les conséquences subversives de la fiction rousseauiste de l'état de nature. Le futur théoricien de la contre-révolution a bien perçu l'enjeu idéologique de cette description idyllique de la vie sauvage précédant l'instauration de la propriété : en faisant de l'inégalité la rançon inévitable des relations sociales, Rousseau voulait ôter tout fondement à la souveraineté absolue, de droit divin. Loin donc d'une réflexion innocente sur les débuts de l'humanité, le prétendu état de nature est l'arme principale de la guerre spirituelle livrée à la monarchie et à la noblesse d'Ancien Régime. Maistre attribue ainsi à Rousseau, qu'il tient pour « l'homme du monde peut-être qui s'est le plus trompé[3] », la paternité de l'égalitarisme militant qui trouvera dans la Révolution française, ou plutôt « européenne », sa traduction historique.

S'il n'y a rien d'original à faire du rousseauisme la source d'inspiration des idées révolutionnaires, Maistre innove en revanche en voyant dans le promeneur solitaire, en révolte contre son temps, un représentant typique de l'esprit du XVIIIe siècle, c'est-à-dire du

« philosophisme[4] » qu'il abhorre. Il n'ignore pourtant pas que Rousseau prend toujours soin de se démarquer des philosophes de son époque, mais fait remarquer qu'il s'agit là justement d'un tic de philosophe : « C'est la manie éternelle de Rousseau de se moquer des philosophes, sans se douter qu'il était aussi un *philosophe* dans toute la force du sens qu'il attribuait à ce mot[5]. » Sa prétention à l'originalité, à la pureté du cœur, ne doit pas faire oublier qu'il est lui aussi un penseur des Lumières par sa haine de l'autorité et sa volonté de faire table rase du passé[6]. L'« effronterie » coupable consiste à se croire absolument libre, c'est-à-dire affranchi de l'ordre divin et seul maître de son destin, alors que « nous sommes tous attachés au trône de l'Être suprême par une chaîne souple, qui nous retient sans nous asservir[7] ». La meilleure preuve de notre dépendance essentielle par rapport à l'ordre divin est d'ailleurs le « caractère *satanique*[8] » de la Révolution, que les philosophes athées ont certes « voulue[9] », mais qu'ils n'ont pas pu « faire » à proprement parler. Invoquant une sorte de ruse de la Providence, qui « punit pour régénérer », Maistre ne cesse de le marteler : « Ce ne sont point les hommes qui mènent la Révolution, c'est la Révolution qui emploie les hommes. On dit fort bien, quand on dit qu'*elle va toute seule*[10]. »

À moins d'en faire un parfait bouc émissaire, on ne saurait donc raisonnablement tenir Rousseau pour le véritable inspirateur de cette Révolution, qui a la perversité de faire croire à ses instruments qu'ils en impriment le cours. Mais on est en droit de lui tenir rigueur de son aveuglement contagieux sur la nature humaine, qu'il imagine foncièrement bonne. Le bon sauvage sert ainsi de modèle à l'homme nouveau, miraculeusement débarrassé du péché originel, redevenu à bon compte innocent. Au-delà donc de Rousseau – « Rousseau parlant pour tous[11] » –, Maistre dénonce l'idée de Progrès portée par tout un siècle, c'est-à-dire le préjugé d'une perfectibilité *infinie*, sans limite. Or, comme tout changement radical de la nature humaine est rendu impossible par les effets persistants du péché originel, la perfectibilité doit être plutôt comprise comme le renoncement à l'autonomie illusoire et le retour à l'unité primordiale[12].

Conscient que le terrain de lutte avec son adversaire de prédilection est avant tout celui des représentations, Maistre n'hésite pas à proposer un contre-idéal, un mythe susceptible de concurrencer celui du bon sauvage. Cet âge d'or, inspiré de l'œuvre déconcertante du « philosophe inconnu » Louis-Claude de Saint-Martin (1743-1803), est aussi une claire réminiscence des mythes platoniciens portant sur l'origine des hommes. Maistre idéalise comme Platon l'humanité primitive, dont l'humanité actuelle n'est que le pâle reflet. Il ne s'agit pas ici de réhabiliter d'effroyables cannibales, comme chez Montaigne[13], mais de s'incliner devant la supériorité des surhommes d'une époque bénie et à jamais révolue, tels les Atlantes du *Critias*. L'histoire est en ce sens une dégradation continue, qui nous éloigne peut-être irrémédiablement de la perfection primordiale. Les vrais primitifs ne sont donc pas les oubliés de la civilisation, les sauvages, mais plutôt ses premiers représentants, ses créateurs oubliés. Maistre, qui n'a que mépris pour les robinsonnades chères au siècle des Lumières, lui reproche constamment son absence de sens historique et son obsession puérile du recommencement. Il peut dès lors enfoncer le clou : « C'est le dernier degré de l'abrutissement que Rousseau et ses pareils appellent *l'état de nature*[14] ».

Le naturalisme (ou primitivisme béat) trahit ainsi une inquiétante volonté de régression, de fusion sentimentale avec une nature que l'on imagine volontiers maternelle et accueillante. Complétant heureusement les brillants aperçus maistriens, le philosophe espagnol José Ortega y Gasset dénoncera l'attitude d'« enfant gâté » du barbare ou « primitif révolté », qui se comporte en parvenu, dilapidant son héritage de civilisation[15]. Cette ingratitude envers le passé est insupportable pour Maistre, surtout qu'elle se double d'un optimisme révoltant[16]. Comparé à l'âge d'or précédant la Chute, l'état sauvage fait en réalité figure d'âge de fer[17]. Loin d'être sympathique et avenant, le vrai sauvage est la plus redoutable des bêtes de proie qui peuplent la nature. L'auteur des *Soirées de Saint-Pétersbourg* en offre un portrait sombre et lucide, qui tranche avec la description lénifiante et risible que Rousseau fait du bon sauvage : « Au-dessus de ces nombreuses races d'animaux est placé l'homme, dont la main destructrice n'épargne rien de ce qui vit ; il tue pour se nourrir, il tue pour se vêtir, il tue pour se parer, il tue pour attaquer, il tue pour se défendre, il tue pour s'instruire, il tue pour s'amuser, il tue pour tuer : roi superbe et terrible, il a besoin de tout, et rien ne lui résiste[18]. »

Cette conception tragique de l'existence justifie en dernier ressort la belle et saine intolérance dont Maistre fait preuve dans sa lecture tendancieuse du *Discours sur l'inégalité.* L'allure démonstrative de l'ouvrage ne doit pas à cet égard induire en erreur : il ne s'agit pas tant de réfuter Rousseau que d'opposer une vision cohérente du monde à une chimère d'autant plus dangereuse qu'elle s'accompagne de la séduction du style direct et sensible. Maistre se montre certes excessif, mais fait toutefois preuve de maîtrise, au moins stylistique, dans l'excès. Il s'agit après tout d'une guerre d'idées dont le sort de la civilisation dépend. Conscient que les révolutions se font d'abord par et dans le langage[19], Maistre livre ici une leçon de style autant que d'histoire et de morale, répétant à l'envi qu'« il suffit de s'entendre[20] » sur le sens des mots. D'ailleurs, s'il finit par abandonner ce projet de réfutation d'ensemble du rousseauisme[21], c'est peut-être parce qu'il laisse encore trop de place à l'argumentation. Il lui préférera bientôt le ton apocalyptique, qui ne cherche nullement à se justifier. Quitte à heurter les âmes sensibles, autant le faire sans la moindre retenue ! Et de fait, il y a quelque chose d'indéniablement jubilatoire dans la rage non contenue du fondu savoyard, qui se donne libre cours dans les *Soirées de Saint-Pétersbourg*. Mais il lui fallut certainement toute sa foi dans le « gouvernement temporel de la Providence » pour réussir à donner forme classique à sa colère biblique.

Yannis CONSTANTINIDÈS

Notes

1. Il apparaît pour la première fois dans l'*Histoire d'un voyage fait en la terre du Brésil, autrement dite Amérique* (1578) de Jean de Léry, dont on peut lire des extraits sous le titre *Les Indiens du Brésil* (Mille et une nuits, 2002).

2. Rousseau est en effet la cible privilégiée des contre-révolutionnaires. Parmi les nombreux ouvrages consacrés à sa réfutation, citons notamment *Adolphe ou Principes élémentaires de politique* (1794) de Jean-Joseph Mounier et les *Principes de droit politique mis en opposition avec ceux de J.-J. Rousseau sur le Contrat social* (1794) de Pierre Landes.

3. *Considérations sur la France*, chap. V, *Œuvres*, *op. cit.*, p. 227.

4. Dans *Les Soirées de Saint-Pétersbourg*, Maistre brocarde ainsi « le double et invariable caractère du philosophisme moderne, l'ignorance et l'effronterie » (2e entretien, *Œuvres*, *op. cit.*, p. 509). On songe ici inévitablement au fameux « *sapere aude* » (« ose savoir ! ») des Lumières, cette raison dévoilante que Maistre interprète comme une manifestation de l'orgueil diabolique qui cherche à pénétrer les mystères de l'existence, désobéissant une fois de plus au commandement divin de ne pas connaître.

5. *De la souveraineté du peuple*, chap. II, PUF, 1992, p. 100. On trouvera un exemple éloquent de cette condamnation globale de la philosophie à la fin du *Discours sur les sciences et les arts* (*cf. Œuvres complètes*, tome III, *op. cit.*, pp. 27-28).

6. Nietzsche, l'autre grand ennemi de Rousseau, résume son étrange dualité en une formule lapidaire : « Rousseau, ce premier homme moderne : un idéaliste et une *canaille* en une seule personne » (*Crépuscule des idoles*, « Raids d'un Inactuel », § 48, *canaille* en français dans le texte).

7. *Considérations sur la France*, chap. I, *Œuvres*, *op. cit.*, p. 199. Maistre ajoute : « Ce qu'il y a de plus admirable dans l'ordre universel des choses, c'est l'action des êtres libres sous la main divine. Librement esclaves, ils opèrent tout à la fois volontairement et nécessairement : ils font réellement ce qu'ils veulent, mais sans pouvoir déranger les plans généraux. »

8. *Considérations sur la France*, chap. V, *Œuvres*, *op. cit.*, p. 226. Rappelons à cet égard que Kant, pour qui Rousseau est « le Newton de la morale », voit au contraire dans la Révolution la preuve du « Progrès moral de l'humanité »...

9. *Cf. Ibid.*, chap. II, *Œuvres*, *op. cit.*, p. 203 : « Tous ceux qui l'ont voulue en ont été très justement les victimes, même suivant nos vues bornées. » Maistre défend ici une idée crue de la rétribution divine qu'il tient de Plutarque, dont il a traduit le traité, *Sur les délais de la justice divine dans la punition des coupables.*

10. *Ibid.*, chap. I, *Œuvres*, *op. cit.*, p. 202. La Révolution fut surtout providentielle pour Maistre lui-même, à qui elle donna une raison d'être : s'y opposer.

11. *Cf. supra*, p. 62

12. Maistre écrira en ce sens au comte Jean Potocki : « La perfectibilité de l'homme et son goût pour la science n'est que l'instinct secret de sa nature, qui le porte à remonter vers son état *natif* » (lettre du 5 (17) juin 1810).

13. Montaigne, *Des cannibales*, Mille et une nuits, 2000.

14. *Les Soirées de Saint-Pétersbourg,* 2e entretien, *Œuvres, op. cit.*, p. 495.

15. *Cf. La Révolte des masses,* chap. XI, Gallimard, coll. « Idées », p. 144. Lire aussi le chap. X, « Primitivisme et histoire ».

16. Au « tout est bien » de Rousseau, Maistre oppose un « tout est mal » définitif : « Il n'y a que violence dans l'univers ; mais nous sommes gâtés par la philosophie moderne, qui a dit que *tout est bien,* tandis que le mal a tout souillé, et que, dans un sens très vrai, *tout est mal,* puisque rien n'est à sa place. La note tonique du système de notre création ayant baissé, toutes les autres ont baissé proportionnellement, suivant les règles de l'harmonie. *Tous les êtres gémissent* et tendent, avec effort et douleur, vers un autre ordre de choses » (*Considérations sur la France,* chap. III, *Œuvres, op. cit.*, p. 218).

17. Signalons tout de même au passage que l'état de nature décrit par Rousseau rappelle plus le jardin d'Éden que l'âge d'or aristocratique de Maistre !

18. *Les Soirées de Saint-Pétersbourg,* 7e entretien, *Œuvres, op. cit.*, pp. 659-660. Voilà pourquoi l'homme est tout à la fois sociable et insociable *par nature.*

19. *Cf. Essai sur le principe générateur des constitutions politiques,* § LIX, *Œuvres, op. cit.*, p. 398 : « Jamais un véritable philosophe ne doit perdre de vue la langue, véritable baromètre dont les variations annoncent infailliblement *le bon et le mauvais temps.* »

20. *Cf. supra,* pp. 23 et 31.

21. *De l'état de nature* et *De la souveraineté du peuple,* écrits à la même époque (entre 1794 et 1796), forment en effet un tout polémique.

Vie de Joseph de Maistre

1753. Naissance le 1er avril de Joseph-Marie de Maistre, l'aîné de dix enfants, à Chambéry, alors capitale du duché de Savoie, l'une des provinces du Royaume de Piémont-Sardaigne. Son père est un important magistrat.

1760. Entrée au collège des jésuites de Chambéry, où il reçoit une formation classique. Il reste par la suite fidèle à l'ordre, nourrissant même une animosité certaine à l'égard du jansénisme.

1763. Naissance de son frère Xavier, l'auteur du *Voyage autour de ma chambre.*

1770-1772. Études de droit à l'université de Turin. Maistre commence à fréquenter les loges maçonniques. Il deviendra en 1776 chevalier dans l'Ordre de la Stricte Observance templière sous le nom énigmatique de *Josephus a Floribus.*

1774. Mort de sa mère. Maistre fait ses débuts comme substitut au sénat de Savoie. Il n'accédera au rang de sénateur qu'en 1788.

1775. Publication anonyme de l'*Éloge de Victor-Amédée III*, qui appelle de ses vœux une monarchie régénérée.

1778. Lecture du théosophe Louis-Claude de Saint-Martin, qui l'influence durablement.

1786. Mariage avec Françoise de Morand.

1787. Naissance de sa fille Adèle.

1789. Lucide sur la révolution « européenne » qui débute, Maistre pressent le risque d'une annexion de la Savoie par les troupes françaises. Mort de son père François-Xavier en janvier et naissance de son fils Rodolphe en septembre.

1792. Suite à l'entrée des armées révolutionnaires en Savoie, Maistre quitte Chambéry avec femme et enfants pour se réfugier à Turin.

1793. Un bref séjour à Chambéry en début d'année lui confirme qu'il n'y a pas d'autre choix que d'émigrer. Il est nommé ambassadeur du Piémont à Lausanne, où il se morfond jusqu'en 1796. Naissance de sa fille Constance, qu'il a à peine le temps de connaître.

1794-1796. Rédaction de *La Souveraineté du peuple* et *De l'état de nature*, pamphlets virulents consacrés à la réfutation de Rousseau. Maistre finit toutefois par abandonner ce double projet.

1797. Retour à Turin. Publication des *Considérations sur la France.* Si l'on en croit ses carnets intimes, Maistre prend réellement conscience de son destin de contre-révolutionnaire cette année-là.

1798. Il achève la rédaction, débutée en 1796, de l'essai *Sur le protestantisme*, qui ne sera publié qu'à titre posthume. Maistre voit dans « le grand ennemi de l'Europe » l'allié objectif des Lumières et de la Révolution.

1799. Il doit quitter Turin pour Venise, la France ayant annexé le Piémont.

1800. Il est nommé « régent de la Chancellerie », c'est-à-dire chef de la magistrature de Sardaigne, où il passe trois longues années. La charge de travail y est écrasante.

1803. Nommé ambassadeur à Saint-Pétersbourg, Maistre se livre à une intense activité diplomatique. Il y fait assez rapidement venir son frère Xavier et son fils Rodolphe, mais sa femme et ses filles ne l'y rejoignent qu'en 1814.

1804. Le couronnement de Napoléon par Pie VII déplaît souverainement à Maistre.

1807. Il tente en vain de rencontrer Napoléon.

1809. Rédaction de l'*Essai sur le principe générateur des constitutions politiques et des autres institutions humaines*, qui paraît en 1814 seulement.

1812. Très apprécié par le tsar Alexandre Ier, Maistre se voit proposer de devenir son plus proche conseiller, mais, malgré des problèmes d'argent, il choisit de rester fidèle à la maison de Savoie. Il suit de près la campagne napoléonienne en Russie, interprétant la défaite finale comme une rétribution divine pour le crime de la Révolution.

1816. Rédaction de l'*Examen de la philosophie de Bacon* et des *Lettres sur l'inquisition espagnole*, qui ne seront pas publiés de son vivant.

1817. Tombé en disgrâce, Maistre quitte Saint-Pétersbourg pour Paris, où il séjourne quelques semaines seulement. « J'avais tout à fait renoncé à faire connaissance avec cette sage, folle, élégante, grossière, sublime, abominable cité », écrit-il à son ami Blacas le 27 avril, juste avant de s'y rendre. Le roi Louis XVIII lui réserve une réception glaciale.

1818. De retour à Turin, on lui confie le poste honorifique de régent de la Chancellerie et ministre d'État. Usé, aigri, il se consacre à la rédaction des *Soirées de Saint-Pétersbourg* avec l'aide de sa fille Constance.

1819. Toujours en proie à de grandes difficultés financières, il fait paraître *Du Pape*, fraîchement accueilli par son destinataire privilégié, Pie VII.

1821. Mort le 26 février à Turin de Joseph de Maistre, la même année que « Buonaparte ». Les *Soirées de Saint-Pétersbourg* seront publiées peu après.

Repères bibliographiques

Œuvres de Joseph de Maistre

- *Œuvres complètes*, Lyon, Vitte et Perrussel, 1884-1886, 14 volumes ; réimpression en fac-similé, Genève, Slatkine Reprints, 1979.
- *Œuvres*, texte établi, annoté et présenté par Pierre Glaudes, Robert Laffont, coll. « Bouquins », 2007 (cette édition comporte un précieux *Dictionnaire Joseph de Maistre*).
- *De l'état de nature*, texte établi d'après le manuscrit, présenté et annoté par Jean-Louis Darcel, *Revue des études maistriennes*, n° 2, Centre universitaire de Savoie, Chambéry, 1976, pp. 1-170 (texte dactylographié).
- *Écrits sur la Révolution*, textes choisis et présentés par Jean-Louis Darcel, PUF, coll. « Quadrige », 1989.
- *De la souveraineté du peuple : un anti-contrat social*, texte établi, présenté et annoté par Jean-Louis Darcel, PUF, coll. « Questions », 1992.
- *Les Soirées de Saint-Pétersbourg ou Entretiens sur le gouvernement temporel de la Providence*, in *Œuvres*, tome III, édition critique sous la direction de Jean-Louis Darcel, Slatkine, 1993.

Études sur Joseph de Maistre

- de Maistre (Henri), *Joseph de Maistre*, Perrin, 1990 ; réédition 2001.
- Miquel (Bastien), *Joseph de Maistre. Un philosophe à la cour du tsar*, Albin Michel, 2000.
- Barthelet (Philippe) (éditeur), *Joseph de Maistre*, L'Âge d'homme, coll. « Les Dossiers H », 2005.
- Compagnon (Antoine), *Les Antimodernes, de Joseph de Maistre à Roland Barthes*, Gallimard, coll. « Bibliothèque des idées », 2005.
- Pranchère (Jean-Yves), *L'Autorité contre les Lumières. La philosophie de Joseph de Maistre*, Droz, coll. « Bibliothèque des lumières », 2004.
- Triomphe (Robert), *Joseph de Maistre. Étude sur la vie et la doctrine d'un matérialiste mystique*, Droz, 1968 (biographie fouillée mais particulièrement malveillante).

NB. On peut lire un certain nombre d'ouvrages de Joseph de Maistre sur le site de la Bibliothèque nationale de France : http://gallica.bnf.fr

Mille et une nuits propose des chefs-d'œuvre pour le temps d'une attente, d'un voyage, d'une insomnie…

La Petite Collection (extrait du catalogue) 508. Emmanuel KANT–Moses MENDELSSOHN, *Qu'est-ce que les Lumières ?* 509. Henry David THOREAU, *De l'esclavage. Plaidoyer pour John Brown.* 510. VOLTAIRE, *Histoire des croisades.* 511. Patrick BESSON, *La Titanic.* 512. Michel CHEVALIER, *Système de la Méditerranée.* 513. Ambroise VOLLARD, *Le Père Ubu à la guerre.* 514. Car Von CLAUSEWITZ, *Principes fondamentaux de stratégie militaire.* 515. Frédéric PAGÈS, *Philosopher ou l'art de clouer le bec aux femmes.* 516. Johann Gottlieb FICHTE, *De la liberté de penser.* 517. Victor HUGO, *Lettres à Léonie.* 518. Jean JAURÈS, *Il faut sauver les Arméniens.* 519. Alfred JARRY, *L'Amour en visites.* 520. Ernest FEYDEAU, *Souvenirs d'une cocodette, écrits par elle-même.* 521. Sylvie TESTUD, *Gamines (théâtre).* 522. Sylvain MARÉCHAL, *Projet d'une loi portant défense d'apprendre à lire aux femmes.* 523. Joris-Karl HUYSMANS, *Gilles de Rais.* 524. Michel FRIEDMAN, *Mythologies du vocabulaire.* 525. Lord CHESTERFIELD, *Conseils à mon fils. Choix de lettres.* 526. Karl MARX, *La Guerre civile en France.* 527. Jean-Baptiste BOTUL, *La Métaphysique du Mou.* 528. Denis DIDEROT, *Pour une morale de l'athéisme. Entretien d'un philosophe avec la maréchale de ***.* 529. Henry David THOREAU, *Balade d'hiver, Couleurs d'automne.* 530. Damouré ZIKA, *Journal de route.* 531. Sébastien Bailly, *Le Meilleur de l'absurde.* 532. Gilbert Keith CHESTERTON, *La Morale des elfes.* 533. Georges PALANTE, *La Sensibilité individualiste.* 534. CATULLE, *Poèmes à Lesbie et autres poèmes d'amour.* 535. OULIPO, *Oulipo. Pièces détachées.* 536. EÇA DE QUEIRÓS, *Les Anglais en Égypte.* 537. Joseph de MAISTRE, *Contre Rousseau (De l'état de nature).* 538. ANONYME, *Va te marrer chez les Grecs (Philogelos).*

Pour chaque titre, le texte intégral, une postface, la vie de l'auteur et une bibliographie.

49.3402.01.2
N° d'édition : 95816
Achevé d'imprimer en février 2008
par Liber Duplex (Barcelone, Espagne).

Pour l'éditeur, le principe est d'utiliser des papiers composés de fibres naturelles, renouvelables, recyclables et fabriquées à partir de bois issus de forêts qui adoptent un système d'aménagement durable. En outre, l'éditeur attend de ses fournisseurs de papier qu'ils s'inscrivent dans une démarche de certification environnementale reconnue.